扬州博物馆 编

扬州博物馆
征集文物选编

七秩集

江苏凤凰美术出版社

编委会

主　编

束家平

副主编

庄志军

编　委

汤仪东　高　荣　宗苏琴

谈长峰　封　冰　刘永红

李晓丽　姚　坚　汪杏莉

刘欣娜

前 言

束 家 平

2021辛丑牛年扬州博物馆迎来了70周年华诞。扬州博物馆成立于1951年，70年来数代扬博人呕心沥血、筚路蓝缕、铢积寸累，从梅花岭下的艰苦创业、潜心探索，天宁寺内谋划"双宁办博物"的宏伟蓝图，到明月湖畔加速发展华丽转身，扬州博物馆、扬州中国雕版印刷博物馆双馆辉映。今天的扬州博物馆、扬州中国雕版印刷博物馆拥有馆藏文物14万余件（套），文物收藏、保护、研究和展陈利用职能齐备，是全国首批一级博物馆、全国爱国主义教育示范基地，也是扬州市最大的综合性地志类博物馆、特色鲜明的文化休闲场所、4A级旅游景区。

藏品是博物馆事业发展的最重要的基础之一，藏品征集工作是博物馆可持续发展的重要保障。地志类博物馆藏品的来源主要是考古发掘出土和拨交，征集也是博物馆藏品的重要渠道。《七秩集——扬州博物馆征集文物选编》是扬州博物馆建馆以来对文物征集工作的一次全面回顾与梳理。全书选录了382件（套）文物。文物征集的时间自1951年至2021年，文物时代涵盖汉代至清代，包括陶瓷、金属、杂项、书画、古籍雕版五大类。文物捐赠者中有土生土长的扬州人，有扬州文化名人的后代，有扬州文化的热爱者，等等。征集文物中不乏珍品精品，从扬州文物商店征集的元代霁蓝釉白龙纹梅瓶，存世仅3件，已成为扬州博物馆的镇馆之宝。征集到以"扬州八怪"为代表的扬州画派的一批书画，评定为一、二、三级品珍贵文物，如郑燮的"兰竹石图"、高翔的"弹指阁图"、金农隶书"述茶"轴等，这些书画极大地提升了馆藏"扬州八怪"作品的数量和质量。另外，多件宋元时代品相、工艺俱佳的玉器补充了该时代馆藏玉器的阙如，明代雕版《治平言》的征集填补了明代雕版版片的馆藏空白……征集品中有不少是来自社会各界人士的捐赠，包括书画、铜器、陶瓷器、杂件等。近年来，博物馆社会捐赠活动日益活跃。馆藏第一任扬州国画院院长江轸光先生的绘画作品52件、书法作品50件（套）、画稿249件，由其儿孙捐赠。扬州博物馆为此举办了"纪念江轸光先生诞辰一百二十年暨书画捐赠仪式"及"心迹双辉——江轸光先生捐赠书画作品展"，并出版了《江轸光书画作品选集》。此次捐赠活动引起社会极大反响，再一次唤起人们对扬州优秀传统文化的关注与热爱，激发起社会各界人士，尤其是博物馆人对建设扬州文化强市的热情。此外，馆藏民国时期杨荫昌先生绘《扬州十二胜迹》册页2册、家藏名人信札123封，由其孙辈捐赠；馆藏近代扬州牙刻大家于硕的微刻"花蕊夫人宫词"镶玳瑁盖象牙筒，由其曾孙辈兄妹俩专程自美国回扬捐赠……不计名利的捐赠体现了捐赠者对扬州博物馆的热爱与信任，对博物馆工作的关心与支持，更是对博物馆人的鞭策和鼓舞！

征集品丰富了馆藏，弥补了馆藏文物在时代和类别上的空白。藏品征集从无到有，从少到多，70年来集腋成裘，已然蔚为大观。藏品征集工作锻炼了博物馆人的文物研究和鉴定水平，提升了博物馆的综合业务能力，为博物馆研究、展陈、社会教育等工作提供了源源不断的新鲜资料。涓涓细流汇成海，点点纤尘积就山，闪闪萤火照亮星辰大海。在扬州博物馆建馆70周年之际，编辑出版《七秩集——扬州博物馆征集文物选编》，不仅仅是对征集工作的回顾与总结，向社会汇报和分享征集的成果，更是向其中付出过智慧与汗水、做出过重要贡献的历代扬博人致敬；同时真诚地感恩那些可亲可敬的捐赠者，激励当下扬博人，发扬"扬州八怪"不拘绳墨、标新立异的开拓创新精神，爱岗敬业、奉献自我，奋力开启新时代扬州博物馆、扬州中国雕版印刷博物馆高质量发展的新航程！

陶　瓷

玉　石

金 属

杂 项

古籍雕版

书 画

陶瓷

[上] 汉青釉水波纹投壶

口径4.5cm，底径11cm，高23cm
2015年扬州唐城遗址博物馆拨交

[下] 东汉青釉四系罐

口径10cm，底径11cm，高20cm
2015年扬州唐城遗址博物馆拨交

[上] 东晋青釉唾壶
口径10.8cm，底径14.6cm，高15.6cm
2015年扬州唐城遗址博物馆拨交

[下] 六朝青釉四系罐
口径13.5cm，底径13.3cm，高23cm
2015年扬州唐城遗址博物馆拨交

[上] 唐巩县窑三彩贴塑瑞兽纹三足鍑

口径14.5cm，腹径22cm，高15.7cm

2015年扬州唐城遗址博物馆拨交

[下] 唐巩县窑三彩贴塑花卉纹三足鍑

口径12cm，高13cm

2009年购买

[上] 唐巩县窑三彩印花盘

口径17.5cm，高3.3cm
2009年购买

[下] 唐巩县窑三彩辟雍砚

口径9.2cm，高4.5cm
1962年购买

[上] 唐巩县窑三彩天王俑

通长11cm，宽9cm，高45.5cm
2015年扬州唐城遗址博物馆拨交

[下] 唐巩县窑黄釉男侍俑

高25cm
2015年扬州唐城遗址博物馆拨交

[上] 唐巩县窑白釉男侍俑

高25.5cm
2015年扬州唐城遗址博物馆拨交

[下] 唐黄釉羊俑

通长9cm，通宽4.7cm，高6.6cm
2015年扬州唐城遗址博物馆拨交

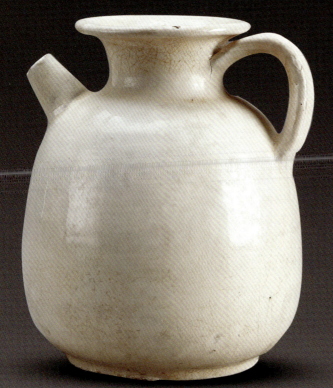

[上] 唐巩县窑白釉执壶

口径8.6cm，底径9.7cm，高17cm
2015年购买

[下] 唐白釉军持

口径1.5cm，底径6.8cm，高27cm
2011年河南郑州旧城遗址博物馆拨交

[上右] 唐越窑青釉化口碗

口径11.2cm，底径6.6cm，高6.5cm
2015年购买

[上左] 唐越窑青釉碗

口径13.5cm，底径6.2cm，高4.7cm
2015年扬州唐城遗址博物馆拨交

[下右] 唐越窑青釉刻花盖盒

口4.5cm，底5cm，高6.8cm
2015年扬州唐城遗址博物馆拨交

[下左] 唐越窑青釉粉盒

口径8cm，高4cm
2015年扬州唐城遗址博物馆拨交

[上] 唐长沙窑青釉褐绿点彩心形双耳罐

口径9.3cm，底径9.5cm，高16cm

2015年购买

[下左] 唐长沙窑青釉绿彩水盂

口径3.1cm，底径4cm，高4.5cm

2015年扬州唐城遗址博物馆移交

[下右] 唐长沙窑青釉绿彩水盂

口径3cm，底径3.4cm，高5cm

2015年扬州唐城遗址博物馆拨交

[上] 唐长沙窑青釉堆塑蟠龙水注

高10cm，底径4.2cm
2015年扬州唐城遗址博物馆拨交

[中] 唐长沙窑青釉褐绿彩拍鼓人物像

高8.5cm，底径5cm
2015年扬州唐城遗址博物馆拨交

[下] 唐长沙窑青釉褐绿彩狮形镇

通长6.1cm，通宽4.4cm，高5.2cm
2015年购买

[上] 唐长沙窑青釉彩绘云气纹碗

口径14cm，底径5.5cm，高4.1cm
2015年扬州唐城遗址博物馆拨交

[中] 唐长沙窑青釉褐绿彩水盂

口径3.1cm，底径4cm，高4.5cm
2015年扬州唐城遗址博物馆拨交

[下] 唐长沙窑青釉绿彩灯

口径7.8cm，底径4.5cm，高5.3cm
2015年扬州唐城遗址博物馆拨交

[上] 唐长沙窑青釉绿彩草叶纹枕

长15.7cm，宽10.3cm，高7.6cm，
2015年扬州唐城遗址博物馆拨交

[下] 宋白釉点褐彩剔刻花卉纹六角枕

长19.9cm，宽10cm，高10.4cm
1984年购买

[上] 宋青白釉瓜棱执壶

口径3.3cm，腹径12.5cm，高18.5cm

1984年购买

[下] 宋青白釉温碗

口径11.7cm，底径6.8cm，高6.4cm

1984年购买

宋吉州窑白釉褐彩开光花卉纹瓶

口径6.6cm，腹径14.2cm，高23.8cm
1984年购买

[上] 宋青白釉化妆盒

口径8cm，底径5.3cm，高4.9cm
1984年购买

[下] 南宋高丽青釉嵌花卉纹托盏

口径7.5cm，通高9.5cm
2015年扬州唐城遗址博物馆拨交

元霁蓝釉白龙纹梅瓶

口径5.4cm，腹径25cm，底径13.5cm，高43.5cm
1982年购买

元青花月梅纹蒜头瓶（一对）

口径2.5cm，底径4.5cm，高15.6cm
2015年扬州唐城遗址博物馆拨交

[上] 元青花云龙纹高足碗

口径13.4cm，底径3.8cm，高11.4cm
2015年购买

[下] 元青花缠枝花卉纹碗

口径16.8cm，底径5.6cm，高7.6cm
2017年购买

明永乐甜白釉暗刻束莲纹盘

口径21.6cm，高4.4cm
1984年购买

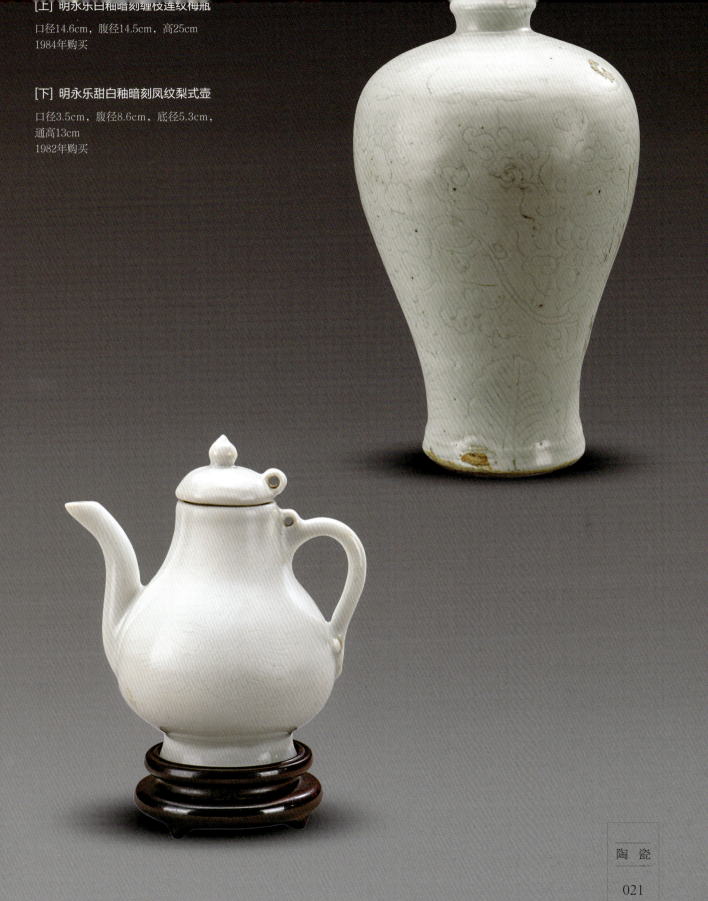

[上] 明永乐白釉暗刻缠枝连纹梅瓶

口径14.6cm，腹径14.5cm，高25cm
1984年购买

[下] 明永乐甜白釉暗刻凤纹梨式壶

口径3.5cm，腹径8.6cm，底径5.3cm，
通高13cm
1982年购买

[上] 明宣德青花束莲纹盘

口径27.9cm，底径19.5cm，高5.3cm
1982年购买

[下] 明宣德青花缠枝莲纹扁壶

口径8.2cm，腹径33.4cm，高44cm
1982年购买

[上] 明青花松竹纹梅瓶

口径3.7cm，腹径7cm，底径5.2cm，高16.5cm
1984年购买

[下] 明万历五彩人物纹碗

口径16.7cm，高7.3cm
1982年购买

明万历青花双龙捧寿纹委角方盒
宽26.5cm，高15.5cm
2009年购买

明青花花草纹瓶（一对）

底边长5cm，高15.5cm
2015年扬州唐城遗址博物馆拨交

[上] 明崇祯白釉加彩人物像
高16.5cm
2015年扬州唐城遗址博物馆拨交

[下] 明崇祯白釉骑马人物像
通高16.5cm
2015年扬州唐城遗址博物馆拨交

明白釉加彩和合二仙像

通高15.5cm

2015年扬州唐城遗址博物馆拨交

明孔雀蓝釉黑花开光高士鹤兔纹梅瓶
口径3.6cm，底径10.5cm，高26cm
2009年购买

[上] 明高丽青釉嵌云鹤纹胆瓶
口径4.7cm，底径5.7cm，高17cm
2015年扬州唐城遗址博物馆拨交

[下] 明龙泉窑模印花卉纹菊瓣盘
口径27.7cm，底径19cm，高5.5cm
1984年购买

[上] 明德化窑白釉暗花爵杯

口径10.3cm，高6.6cm

1984年购买

[下] 明德化窑白釉蟠螭纹瓶

口径3cm，底径6.8cm，高20.2cm

1984年购买

[上] 清康熙孔雀绿釉暗刻松竹梅纹观音瓶

口径6.6cm，底径9.5cm，高27.8cm
2018年购买

[下] 清雍正白釉菊瓣盘

口径17.5cm，高3.5cm
1962年购买

清乾隆斗彩花卉纹盘

口径21.2cm，底径13.1cm，高4.3cm
1959年购买

[上] 清高丽青釉嵌柳鹤纹瓶

口径10cm，底径10.8cm，高31.5cm
2015年扬州唐城遗址博物馆拨交

[下] 清乾隆青花龙凤纹梅瓶

口径10.5cm，底径25cm，高67cm
2015年扬州唐城遗址博物馆拨交

陶 瓷

[上] 清珊瑚红地描金缠枝莲纹绶带耳葫芦瓶

口径3cm，高19cm
1962年购买

[下] 清 "御制清韵堂" 款斗彩花卉纹盘

口径19.5cm，底径11.8cm，高3.2cm
2020年购买

玉 石

[上] 汉白玉蝉

长6.6cm，宽3.3cm，厚0.5cm
2009年购买

[下] 唐浮雕瑞兽纹滑石盒

长7cm，宽4.5cm，高3cm
2020年购买

[上] 唐浅刻花卉纹滑石方盒

边长5.1cm，底边长4.8cm，高2.1cm
2014年购买

[下] 唐浅刻花卉纹滑石盒

长5.4cm，宽3.6cm，高1.8cm
2016年购买

[上] 宋白玉雕婴戏纹佩

长5.9cm，宽4.3cm，厚1cm
2009年购买

[下] 宋白玉浮雕蟠螭十二章纹圭璧

通长20.3cm，璧径13.2cm
2009年购买

[上] 元白玉透雕鸟兽纹佩饰

径7.4cm，厚2.1cm
2015年购买

[下] 元白玉雕人物桃形带板

径5.5cm，厚0.7cm
2009年购买

元白玉透雕鸳鸯荷叶纹炉顶
底径3.2—4.8cm，高3.4cm
2009年购买

[上] 元白玉透雕云龙纹牌饰

长7.4cm，宽5.9cm，厚1cm
2016年购买

[下] 元青玉透雕荷鹭纹炉顶

长10.8cm，宽8.8cm，高3.3cm
2016年购买

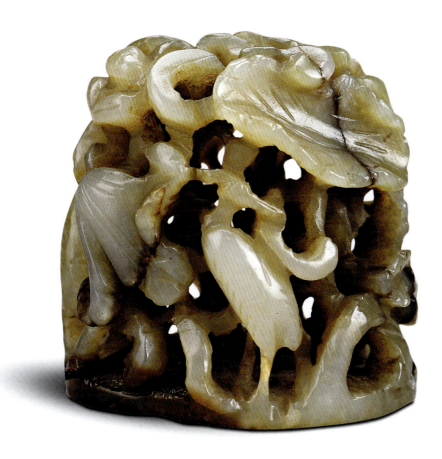

[上] 元白玉透雕荷鹭纹佩饰

长8.5cm，宽4.7cm，厚1.2cm
2016年购买

[下] 元白玉透雕海东青啄雁纹牌饰

长6.6cm，宽6cm，厚1.4cm
2016年购买

元白玉透雕荷鹭纹佩饰

长8.5cm，宽4.5cm，厚1cm
2016年购买

[上] 元白玉透雕胡人戏狮纹牌饰

长7.5cm，宽5.3cm，厚0.7cm
2016年购买

[下] 元白玉雕胡人戏狮纹带板

长6.9cm，宽5.7cm，厚0.7cm
2009年购买

[上] 元青玉透雕海东青啄雁纹佩饰

长7.6cm，宽6.3cm，厚1.3cm
2009年购买

[下] 明白玉雕连珠纹提携

长5.2cm，宽3.7cm，厚1.2cm
2009年购买

[上] 明白玉透雕云龙纹带板

长7.5cm，宽6cm，厚2.2cm
2016年购买

[下] 明白玉透雕云龙纹带板

长7.3cm，宽6cm，厚1cm
2016年购买

[上] 明白玉透雕云龙纹带板

长5.5cm，宽5.5cm，厚1cm
2016年购买

[下] 明白玉雕婴戏纹佩饰

长6.5cm，宽3cm，厚1.4cm
2009年购买

[上] 清白玉雕佛手摆件

通高6.2cm

2009年购买

[下] 清白玉浮雕仙山人物纹笔山

通长11.8cm，通宽2.7cm，通高5.6cm

2015年购买

清白玉镂雕螭龙纹带扣

长16cm，宽5.6cm，高3cm
2015年购买

清白玉镂雕蟠螭灵芝纹杯

长12.5cm，高5cm
1964年购买

清青玉镂雕活环菊耳洗

口径13.4cm，底径8.3cm，高5.2cm
1964年购买

清玉雕《五老图》山子

底径11cm，高13.7cm
1962年购买

[上] 清白玉雕花卉纹牌饰

径7.8cm，厚0.7cm
2009年购买

[下] 清青玉雕菊花纹牌饰

径7.8cm，厚0.7cm
2009年购买

[上] 清青玉透雕大昌赐福纹牌饰

长10cm，宽7cm，厚0.5cm

2009年购买

[下] 清白玉镂雕螭龙纹带扣

长14cm，宽4.6cm，高2.4cm

2009年购买

清白料盖碗（一对）

口径11.7cm，底径3.4cm，高7.7cm
1965年购买

清黄料浮雕山水人物纹瓶（一对）

口径5.6cm，底径9cm，高19.9cm
1965年购买

清水晶透雕人物瓶

通长22.5cm，宽4.4cm，高23.5cm
2015年购买

[上] 清水晶狻猊

长6.8cm，高2.2cm

1960年购买

[下] 清寿山石雕达摩像

长10.7cm，宽8cm，高5.6cm

2015年购买

清阮元款《蜀冈秋色》大理石屏

长21.1cm，宽18.1cm，厚1.2cm
2016年购买

清银盖嵌宝玛瑙鼻烟壶

高11.6cm
1960年购买

清玛瑙《渔父图》鼻烟壶

口径0.9cm，唇径2.3cm，高6.8cm
2008年扬州友谊商店拨交

清绿玻璃鼻烟壶

口径0.7cm，唇径10cm，高6.6cm
2008年扬州友谊商店拨交

清黄玉鼻烟壶

口径0.1cm，唇径1.2cm，高6.6cm
2008年扬州友谊商店拨交

清青白玉鼻烟壶

口径0.1cm，唇径1.7cm，高6.7cm

2008年扬州友谊商店拨交

清玛瑙鼻烟壶

口径0.6cm，唇径1.4cm，高5.3cm

2008年扬州友谊商店拨交

清玻璃套蓝螭龙纹鼻烟壶

口径0.1cm，唇径1.8cm，高4.8cm

2008年扬州友谊商店拨交

清白玉鼻烟壶

口径0.5cm，唇径1.8cm，高4.7cm

2008年扬州友谊商店拨交

[上] 清玻璃内画山水图鼻烟壶

口径0.6cm，唇径1.1cm，高4.7cm
2008年扬州友谊商店拨交

[中] 清青白玉鼻烟壶

口径0.6cm，底1.6cm，高5cm
2008年扬州友谊商店拨交

[下] 清浅刻兽面纹双耳翡翠瓶

口径2.3cm，高5.7cm
2008年扬州友谊商店拨交

清白玉扳指

口径2.8cm，高2.4cm
2018年购买

清白玉浅刻花蝶纹扳指

口径2.9cm，高2.4cm
2018年购买

清玉琮式扳指

口径3cm，高2.7cm
2018年购买

清白玉扳指

口径3.5cm，高2.4cm
2018年购买

清白玉镶银里扳指

口径3cm，高2.5cm

2018年购买

清白玉平底扳指

口径2.8cm，高3.3cm

2018年购买

清翡翠扳指

口径3.4cm，高2.9cm

2018年购买

清玛瑙扳指

口径2.8cm，高2.4cm

2018年购买

明端石梅花坑太史式砚

长18.7cm，宽11cm，厚6.8cm
2014年购买

[上] 清"持经书屋"铭石砚

长16.5cm，宽11.4cm，厚2.4cm
2020年购买

[下] 清端石夔龙纹长方砚

长13cm，宽10.2cm，厚1.8cm
2014年购买

清洮河石《兰亭修禊图》砚
长31cm，宽19cm，高8.5cm
2014年购买

[上] 清端石云龙纹随形砚

长16cm，宽13cm，厚2cm
2014年购买

[下] 清端石云龙纹随形砚

长23cm，宽18cm，厚6cm
2014年购买

玉 石

067

[上] 清澄泥古铜三足洗式砚

直径16.4cm，高3.2cm
2014年购买

[下] 清端石圭璧砚

长19cm，宽13cm，厚2.6cm
2014年购买

清端石"金桂科"铭葫芦砚

通长14.3cm，通宽11.9cm，厚2.8cm
2014年购买

清端石太少狮纹长方砚

长16.5cm，宽11.9cm，厚2.8cm
2014年购买

[上] 清端石太少狮纹长方砚

长28.5cm，宽19cm，厚5cm
2014年购买

[下] 清端石李育款钟式砚

长19cm，宽12.5cm，厚4.5cm
2017年购买

清端石雷塘庵主小像长方砚
长19.6cm，宽13cm，厚3.6cm
2016年购买

金属

[上] 汉"长宜子孙"铭连弧纹铜镜

直径22.1cm，厚0.88cm
1958年购买

[下] 汉"昭明"铭连弧纹铜镜

直径8.9cm，厚0.41cm
1960年购买

[上] 汉羽人神兽博局纹铜镜

直径15.2cm
2015年扬州唐城遗址博物馆拨交

[下] 汉"尚方佳竟"铭神兽博局纹铜镜

直径15.9cm
2015年扬州唐城遗址博物馆拨交

[上] 汉 "青盖作竟" 铭龙虎纹铜镜
直径12.2cm
2015年扬州唐城遗址博物馆拨交

[下] 汉 "作佳镜" 铭十二辰四神博局纹铜镜
直径19cm
2015年扬州唐城遗址博物馆拨交

[上] 汉半圆方枚神兽纹铜镜

直径18.5cm
2015年扬州唐城遗址博物馆拨交

[上] 汉"汉有善铜"铭四乳神兽纹铜镜

直径13.5cm
2015年扬州唐城遗址博物馆拨交

[上] 汉四乳四神纹铜镜

直径13.8cm
2015年扬州唐城遗址博物馆拨交

[下] 六朝铜鐎斗

高12.7cm
1958年废铜收购站拣选

[上] 六朝铜熨斗

长48.1cm，外径16.8cm
1958年废铜收购站拣选

[下] 六朝铜熨斗

长52.5cm，外径16.9cm
1958年废铜收购站拣选

[上] 唐葵花形双鸾鸳鸯纹铜镜

直径11.1cm
1965年购买

[下] 唐葵花形四雀折枝花卉纹铜镜

直径18.2cm
2013年田国强先生捐赠

[上] 唐菱花形宝相花纹铜镜

直径12.5cm，厚0.6cm
2015年扬州唐城遗址博物馆拨交

[下] 唐葵花形飞仙纹铜镜

直径11.7cm，厚0.4cm
2015年扬州唐城遗址博物馆拨交

[上] 唐菱花形飞仙纹铜镜

直径12.1cm，厚0.4cm

2015年扬州唐城遗址博物馆拨交

[下] 唐海兽葡萄纹铜镜

直径12cm

2015年扬州唐城遗址博物馆拨交

[上] 唐方形海马葡萄纹铜镜

边长9.2cm，厚0.8cm
2015年扬州唐城遗址博物馆拨交

[下] 唐方形花蝶纹铜镜

边长6.7cm，厚0.4cm
2015年扬州唐城遗址博物馆拨交

[上] 唐葵花形四鹊折枝花卉纹铜镜

直径18.5cm

2015年扬州唐城遗址博物馆拨交

[下] 唐菱花形双鸾双鹊纹铜镜

直径11cm

2015年扬州唐城遗址博物馆拨交

[上] 唐盘龙纹铜镜

直径15cm
2015年扬州唐城遗址博物馆拨交

[下] 唐葵花形双鸾瑞兽纹铜镜

直径16.7cm
2015年扬州唐城遗址博物馆拨交

[上] 唐菱花形双鸾瑞兽纹铜镜

直径23.7cm
2015年扬州唐城遗址博物馆拨交

[下] 唐菱花形四鹊花蝶纹铜镜

直径11cm
2015年扬州唐城遗址博物馆拨交

[上] 唐委角麒麟天马纹铜镜

直径15.3cm
2015年扬州唐城遗址博物馆拨交

[下] 唐葵花形真子飞霜纹铜镜

直径15.3cm
2015年扬州唐城遗址博物馆拨交

[上] 五代双鸾衔绶纹铜镜

直径13.1cm
2015年扬州唐城遗址博物馆拨交

[下] 北宋仙山瀛海纹铜镜

直径20.3cm
2015年扬州唐城遗址博物馆拨交

[上] 宋"湖州真石家"铭方形铜镜

边长8.6cm

2015年扬州唐城遗址博物馆拨交

[下] 明"宣德年制"款蚰耳铜炉

高4.8cm，口径12.5cm，底径11.6cm

1961年购买

清铸"龙阳县"款银锭

长5.5cm，宽4cm，高3cm
1962年购买

1934年川陕省苏维埃200文铜币

直径2.8cm，厚0.2cm
1966年杨坤先生捐赠

1934年川陕省苏维埃200文铜币

直径2.8cm
1971年徐正林先生捐赠

杂 项

[上] 明犀角雕竹叶螭虎纹杯
高8.2cm，口径16cm，底径5.7cm
1960年购买

[下] 清犀角雕兰叶纹杯
高7cm，口径12.5cm，底径6cm
1960年购买

[上] 清犀角雕松枝纹杯

高6cm，口径11cm，底径5cm
1959年购买

[下] 清紫檀雕灵芝摆件

长15cm，宽11.3cm，厚2.4cm
1960年购买

[左] 清紫檀嵌宝花鸟纹海棠盒（一对）

通高8.5cm，盒身高1.3cm，盖高6cm
1959年购买

[右] 清郭兰石款黄花梨琴式手枕

通长29cm，通宽4cm，通高2cm
1958年购买

[上] 清紫檀浅刻梅花纹笔海

高20cm，足宽5.5cm，内径18.6cm，
外径21.8cm，底径20.9cm
1960年购买

[下] 清黄杨木雕仿古摆件

长14.5cm，宽1.5cm，厚2.2cm
1962年购买

[上] 清竹根雕佛手摆件

佛手长10cm，连座通高5.6cm
1958年购买

[下] 清岳鸿庆刻张熊书宋诗乌木臂搁

长26.5cm，宽4.2cm
2020年购买

[上] 清黄杨木透雕松鼠葡萄纹如意

长39cm，如意头宽10cm，高8.4cm
1960年购买

[下] 清竹根雕人物船

长35.5cm，宽12cm，高19cm
1959年购买

清丁丽中刻"修竹我庐"竹根章

3.7cm见方，高11.8cm

1982年购买

清王涛刻"鸡犬图书共一船"竹根章

3.8cm见方，高11.7cm

1982年购买

清《虞世南观景图》墨

长5.9cm，2.9cm，厚0.7cm

2008年扬州友谊商店拨交

清云纹朱砂墨

长4cm，宽1.5cm，厚1.1cm

2008年扬州友谊商店拨交

清御制《贡龙洞图》墨

长8.7cm，宽4.3cm，厚0.8cm

2008年扬州友谊商店拨交

清双龙戏珠纹墨

长7cm，宽4.3cm，厚0.7cm

2008年扬州友谊商店拨交

[上] 清御制《清莲寺观鱼图》墨

长8.5cm、宽4.2cm、厚0.9cm
2008年扬州友谊商店拨交

[下左] 清《青萝山寺图》墨

长9cm、宽2cm、厚1cm
2008年扬州友谊商店拨交

[下右] 清胡开文制"千秋光"墨

长7.8cm、宽1.5cm、厚0.6cm
2008年扬州友谊商店拨交

[左] 清点螺人物风景图漆盒

长27.6cm，宽15.2cm，高4.6cm
1959年购买

[右] 清骨石镶嵌鹤鹿同春纹漆帽筒

高28.5cm，底13.3cm，口径12.2cm
2015年购买

[上] **清剔红花卉纹盒**

口径6.3cm，高2.2cm
2015年购买

[下] **清剔红开光人物葵式盖盒**

宽28cm，内口径25.8cm，底径17.5cm，
通高20cm
1959年购买

[上] 清梁福盛款骨石嵌婴戏纹桃形漆盒

通长11cm，通宽9.2cm，高3.5cm
2013年张翼先生捐赠

[下] 清鹤顶红雕龙纹带板

通长7cm，通宽5cm，厚1cm
2015年购买

[上] 清"半槎马曰璐鉴藏法书名画印"象牙章

长3.5cm，宽2.7cm，高4.8cm
1963年詹永珊女士捐赠

[下] 清象牙雕螃蟹荷叶摆件

长12cm，宽4.5cm，高2cm
1960年购买

[左] 清象牙镂雕人物塔式盖瓶

口径12.5cm，底径10.2cm，通高58.5cm
1960年购买

[右上] 清象牙镂雕亭阁人物鼻烟壶

口径2.2cm，底径2.9cm，高8.5cm
1960年购买

[右下] 清象牙雕秋虫白菜摆件

通高13.7cm
1960年购买

[上] 清象牙镂雕云龙纹笔筒

口径12.2cm，底径12cm，高16.5cm
1960年购买

[下] 近代于硕微刻《花蕊夫人宫词》镶玳瑁盖象牙筒

口径5cm，通高8.4cm
2019年于硕后人马晓迎先生、马晓莲女士捐赠

古籍雕版

版籍

明崇祯曾大奇撰《治平言》雕版
长25.8cm，宽20.1cm，厚1.9cm
2012年于江西购买

清康熙扬州诗局刻本《全唐诗》

框高16.5cm，宽24cm

2004年购买

清康熙扬州使院刻本《法书考》

框高16.7cm，宽23.6cm

2006年购买

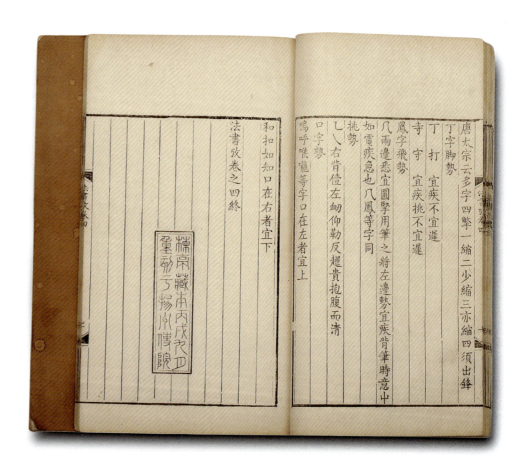

[上] 清嘉庆《菜香书屋春社存钞》

框高18.4cm，宽26.4cm
2012年购买

[下左] 清嘉庆江都秦氏石研斋刻本《李元宾文集》

框高17.7cm，宽22.4cm
2015年购买

[下右] 清嘉庆江都秦氏石研斋刻本《吕衡州集》

框高18.5cm，宽23cm
2015年购买

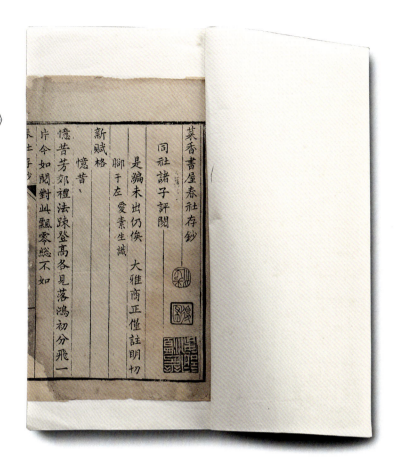

[上] 清嘉庆江都秦氏石研斋刻本《杨子法言》

框高21.5—22cm，宽34.5cm

2015年购买

[下] 清光绪陈氏得古观室刻本《纫斋画胜》

框高22cm，宽12.2cm

2006年购买

清《管稿二集》雕版

长17.1cm，宽13cm，厚1.5cm
2006年于福建四堡购买

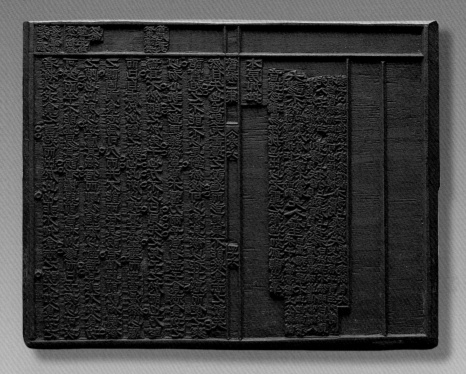

清《李氏族谱》雕版

长28.8cm，宽21.2cm，厚1.1cm
2006年于福建四堡购买

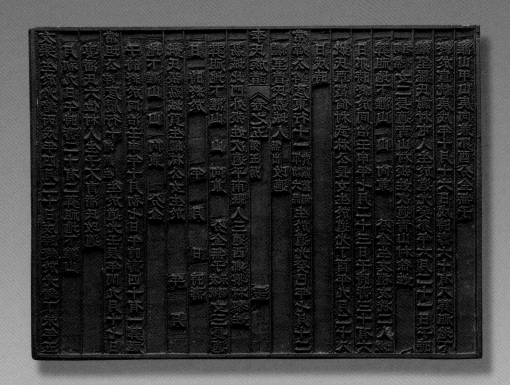

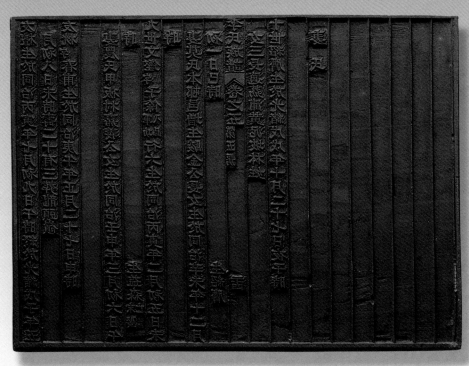

清《东游志传》雕版
长19.5cm，宽11.5cm，厚1.2cm
2006年于福建四堡购买

[上] 印刷墨盘

直径24.5cm，厚2.2cm
2006年于福建四堡购买

[下] 清《南游志传》雕版

长19.4cm，宽11.5cm，厚1.2cm
2006年于福建四堡购买

清《西游记传》雕版
长19.5cm，宽12.8cm，厚1.2cm
2006年于福建四堡购买

[上] 清戏曲《金山寺》四套色木刻年画线版

长29cm，宽27.5cm

1958年扬州中百公司二股捐赠

[下] 清戏曲《芦花河》四套色木刻年画线版

长31.5cm，宽30cm

1958年扬州中百公司二股捐赠

[上] 藏式图案雕版

通长14.7cm，通宽11.8cm，厚2.1cm
2017年于西藏购买

[中] 藏文雕版

通长65cm，通宽10.5cm，厚2.3cm
2017年于西藏购买

[下] 藏文雕版

通长71.9cm，通宽16cm，厚3.3cm
2017年于西藏购买

红印宗教符文雕版

通长167cm，通宽29.5cm，厚2.4cm

2020年于江西购买

[上]《增福财神》雕版

长31cm，宽22.1cm，厚2cm
2020年于山东购买

[下]《钟馗》雕版

长28.5cm，宽21cm，厚2.7cm
2020年于山东购买

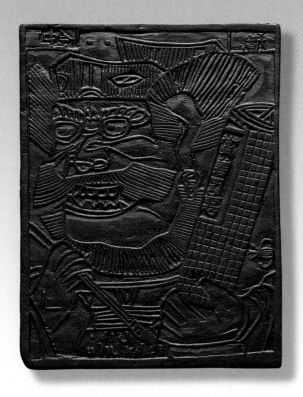

[上] 纸牌雕版

长25.9cm，宽22.5cm，厚2cm
2020年于江西购买

[下] 宗祠图雕版

长106cm，宽71cm，厚3cm
2020年于江西购买

书 画

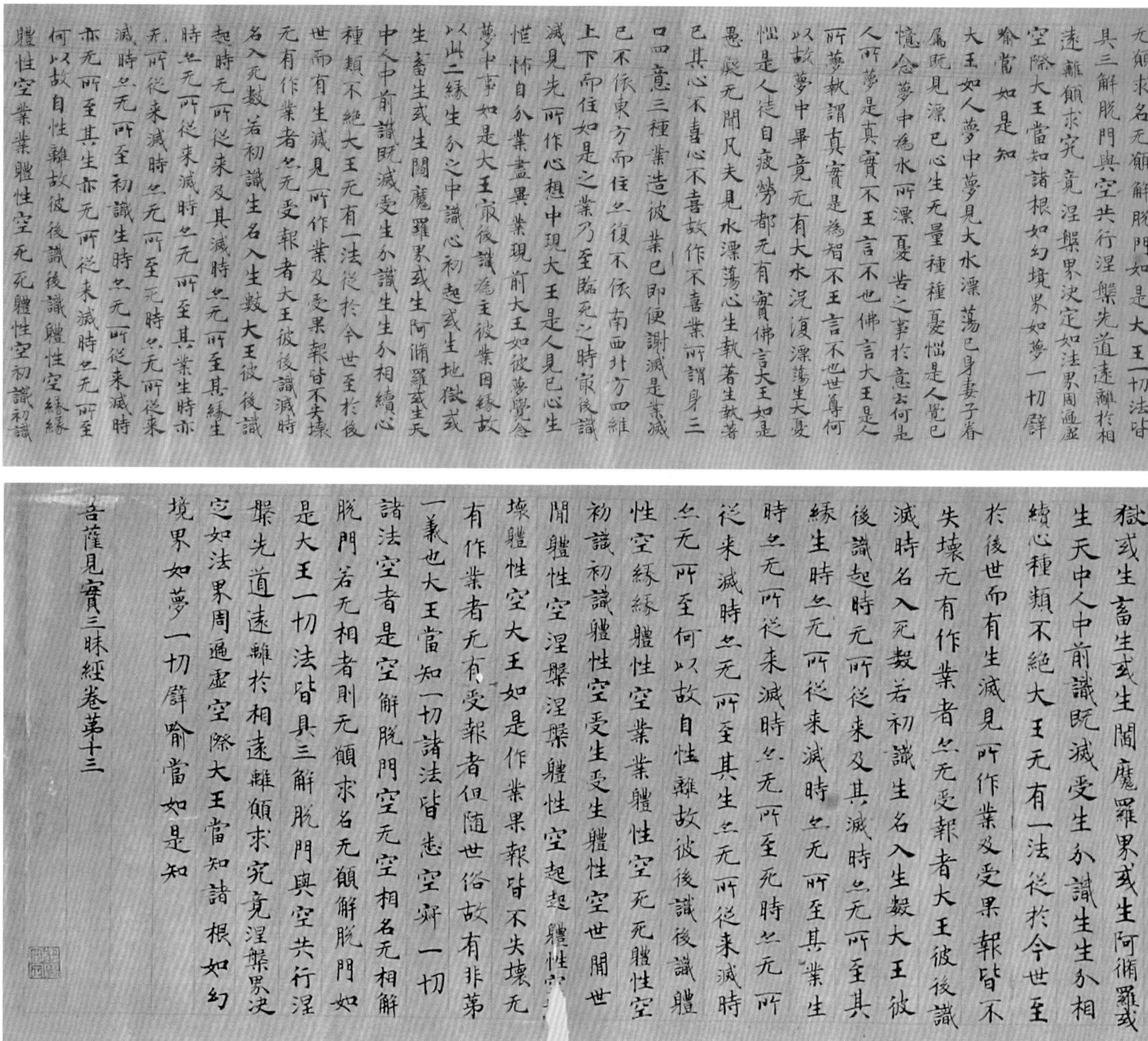

唐楷书《菩萨见实三昧经》第十三

24cm × 434cm
1953年耿鉴庭先生捐赠

諸根如幻境界如夢一切譬喻當如是知大王如人夢中夢見幻師自見己身與彼圍遶共相娛樂是人覺已不見五欲便憶夢中五欲之樂於意云何是人所夢是真實不王言不也大王於意云何是人所夢夢謂真實是為智不王言不也世尊何以故夢中畢竟无有幻師況復幻作五欲迷相娛樂是人徒自疲勞都无有實佛言大王如是愚癡无聞凡夫見己心生愛重起愛著心所作造彼業已即便謝滅是業滅已不依東方而往亦復不依南西北方四維上下而住如是之業乃至臨死之時最後識滅見先所作心想中現大王是人見己心生受自分業盡畫異業現前大王如彼夢覺念夢中事如是大王最後識為主王彼業因緣故以此二緣生於之中識心初起或生地獄或生天人中前識既滅諸受生分初生心種類心相續名不絕大王无有一法從於今世至於後世而有生滅見所作業及受果報皆不失壞无有作業者亦无受報者大王彼識滅時名入死數若初識生名入生數大王彼後識起時无所從來及其滅時亦无所至其業生時亦无所從來滅時亦无所至初識生時亦无所從來滅時亦无所至其生亦无所至後識生時亦无所至其滅時亦无所至其後識起時无所從來

何以故自性離故彼後識後識體性空緣緣體性空業業體性空死死體性空初識初識體性空受生受生體性空世間世間體性空涅槃涅槃體性空起起體性空壞壞體性空无有受報者但隨世俗故有非也大王當知一切諸法皆悉空寂一切諸法空者是空解脫門空无願求无願解脫門无相解脫門若无相者則无願求无願解脫門如是大王一切法皆具三解脫門與空共行涅槃先道遠離於相遠離顛求究竟涅槃界決定如法界周遍虛空際大王當知諸根如幻境界如夢一切譬喻當如是知大王如人夢中自見己身飲酒醉醲元所覺知不識罪福善惡尊卑優劣是人覺已憶念夢中飲酒迷亂於意云何是人所夢是真實不王言不也大王於意云何是人所夢夢謂真實是為智不王言不也世尊何以故夢中竟无有酒況飲酒醉是人徒自疲勞都无有實佛言大王如是愚癡无聞凡夫見飲酒醉心生染愛心所是人徒自疲勞見彼業所造彼業已即便謝滅受業所謂身三四意三種業造彼業所生執著心染愛業所是人徒自疲勞都无有實佛言大王如是恩癡无聞凡夫見飲酒醉心生染愛心所是人徒自疲勞都无有實是人徒自疲勞見彼業乃至睒死之時最後四維上下而住如是之業乃至睒死之時最後識滅已不依東方而往亦復不依南西北方後識滅見先所作心想中現大王是人見己心生受著自分業盡畫異業現前大王如彼夢

明杜薰《绿蕉当暑图》轴

97cm × 45cm

1962年购买

明张路《松下停琴图》轴
151.5cm × 81.1cm
1966年购买

明沈周《枯木鸲鹆图》轴

152cm×27.4cm

1959年购买

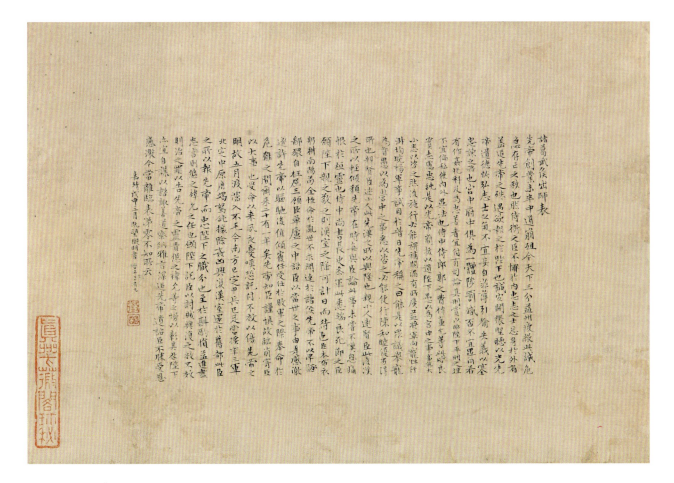

明文徵明楷书《出师表》册页

20.2cm×29.5cm

1959年购买

明吴承恩行书《宿金山寺》诗扇页

20.4cm×55.5cm

1974年李圣传先生捐赠

明文徵明行书自作诗轴

343.9cm × 101.6cm

1959年购买

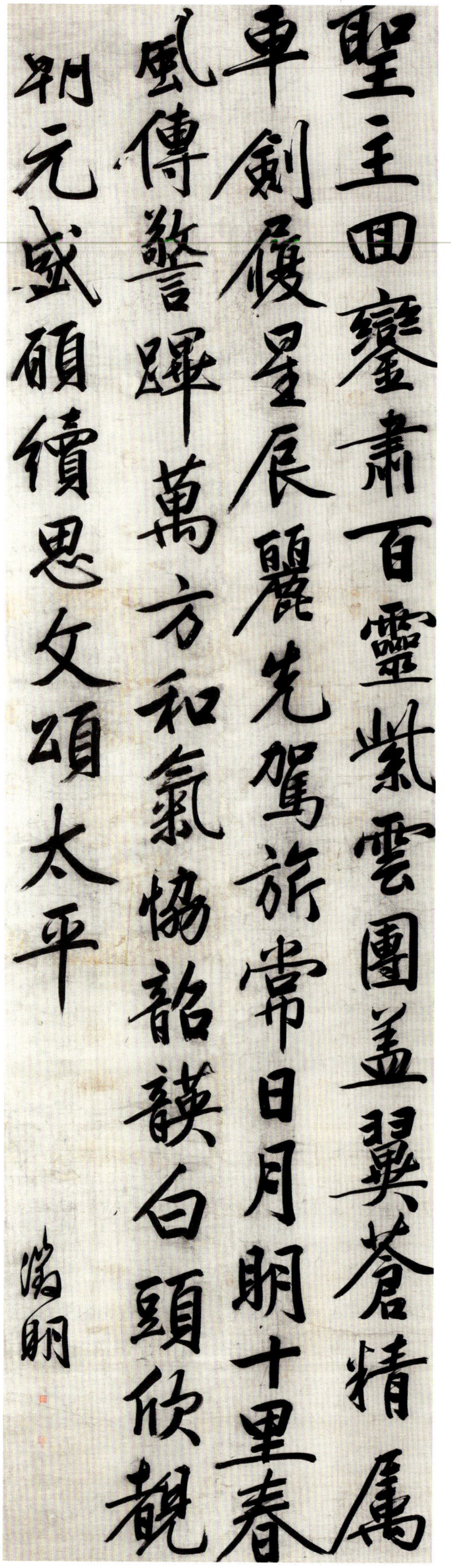
聖主田鑾肅百靈紫雲團蓋翼蒼精屬
車劍履星辰麗先駕旂常日月明十里春
風傳警蹕萬方和氣協韶韺白頭欣覩
升元盛碩續思文頌太平
徵明

明董其昌行书自作诗轴
120cm×51.5cm
1963年购买

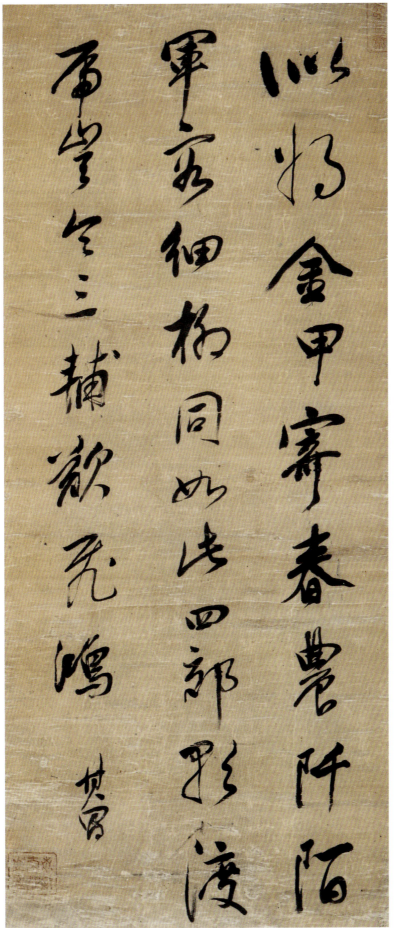

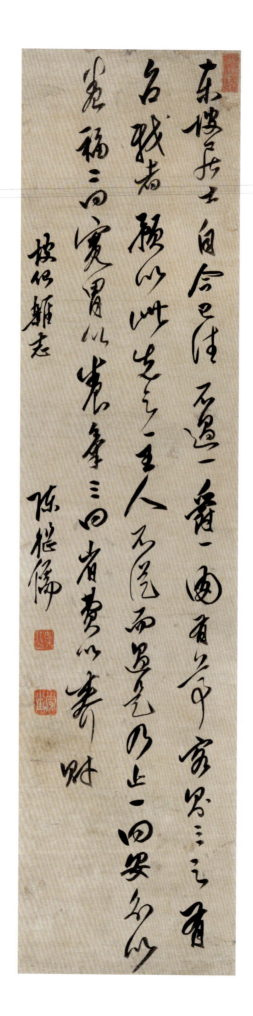

明陈洪绶《听吟图》轴

78.8cm×47.9cm

1962年购买

明王偕《莲塘秋禽图》轴

116cm×59cm
1962年购买

明陈舒《钟馗图》轴

89.5cm × 44.8cm

1961年购买

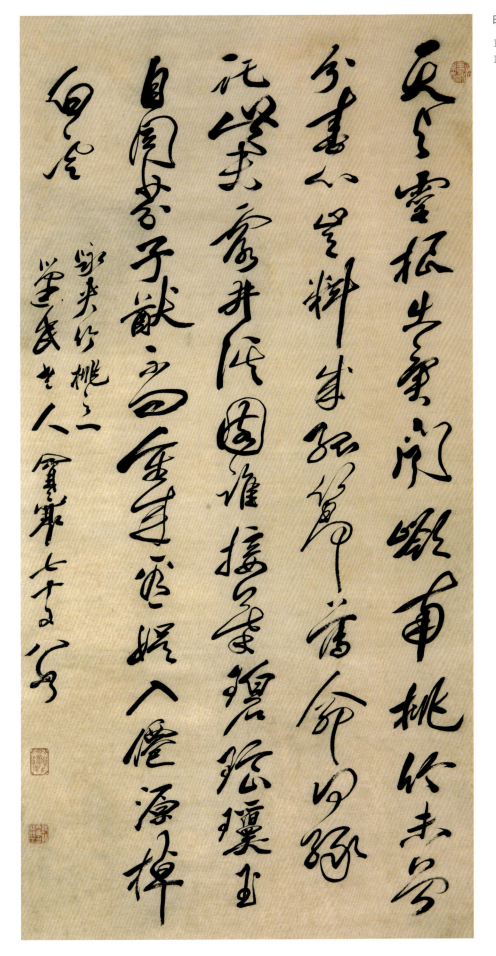

清邹喆《雪景山水图》轴

65cm×47.5cm

1962年购买

高枕绿阴多

开尊黄写墨

查士标

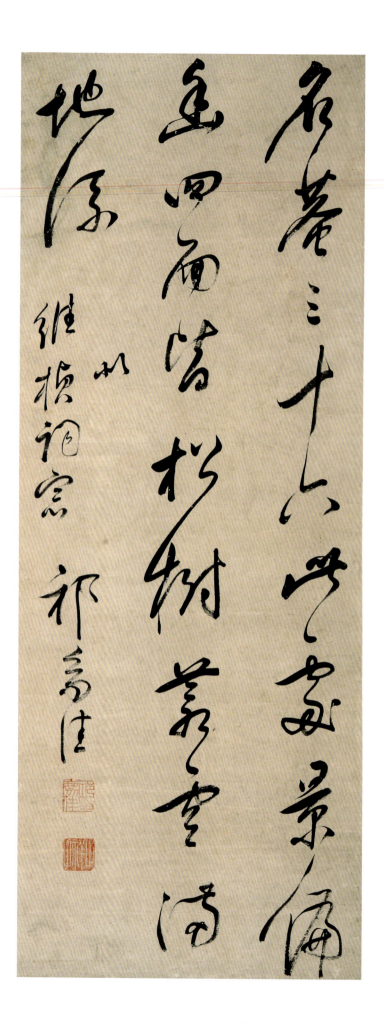

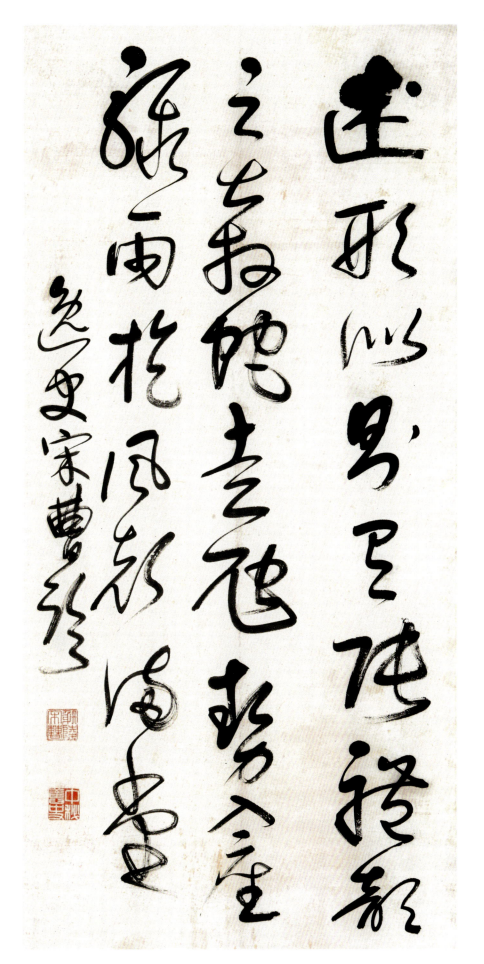

清宋曹草书临怀素《自叙帖》轴

128cm×60.7cm

1959年购买

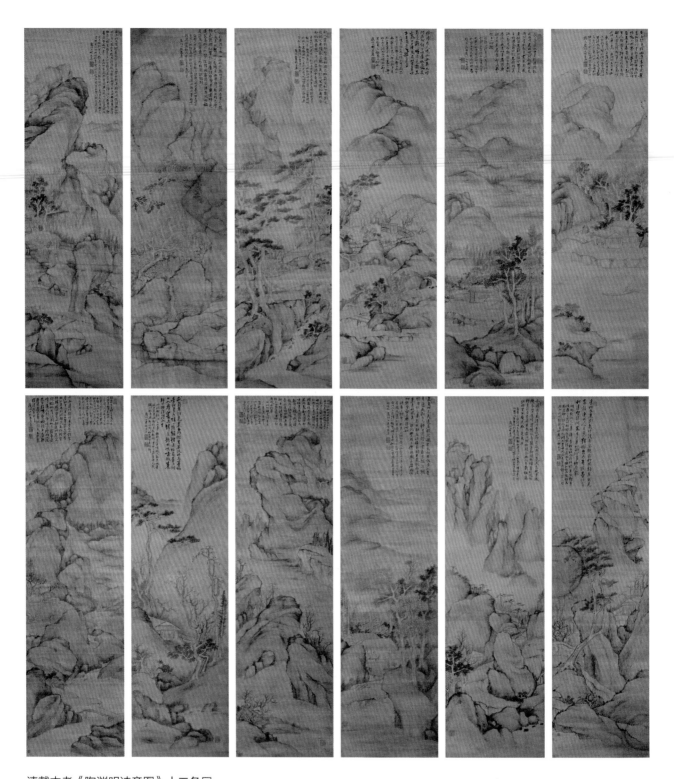

清戴本孝《陶渊明诗意图》十二条屏

190cm × 53cm
1991年购买

清徐枋山水图轴

92cm × 34cm

1962年购买

书 画

149

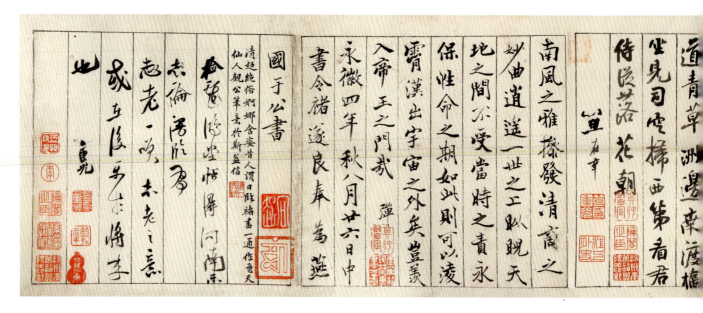

清笪重光行书《杂书》卷

23.3cm×118.2cm

1962年购买

清石涛山水图轴

17.6cm×23.3cm
1962年购买

清陈卓山水人物图通景屏

169cm×51cm

1959年购买

何當喚取扁舟載 湖墅板橋烟一曲

白髮龐翁樂未央 不妨尋遊秋色一匡平湖

乙酉嘉平 月澣涂倣秋園草堂青

三老道長兄壽先 松末齡買樾玲幷草 它贯

清顧符禎《寻秋图》轴

108cm×36cm

1962年购买

雪後坐石壁松窗游戲筆墨

園客壽平

清惲壽平《石壁松窗圖》軸

60.9cm × 31cm

1972年揚州市城南公社北河下居民委員會捐贈

清禹之鼎《课书图》轴

61.7cm×40.4cm
1961年购买

清王云《秋山楼阁图》轴

118.8cm×105cm

1960年购买

恺奉莲华望画闻圆业经巉光分
蟾夜涧响入铜瓶日下徒搉鹤天涯正
对萤鱼山有曹植著层宵文皇玉似
澄怡上人香栢小吏何焯

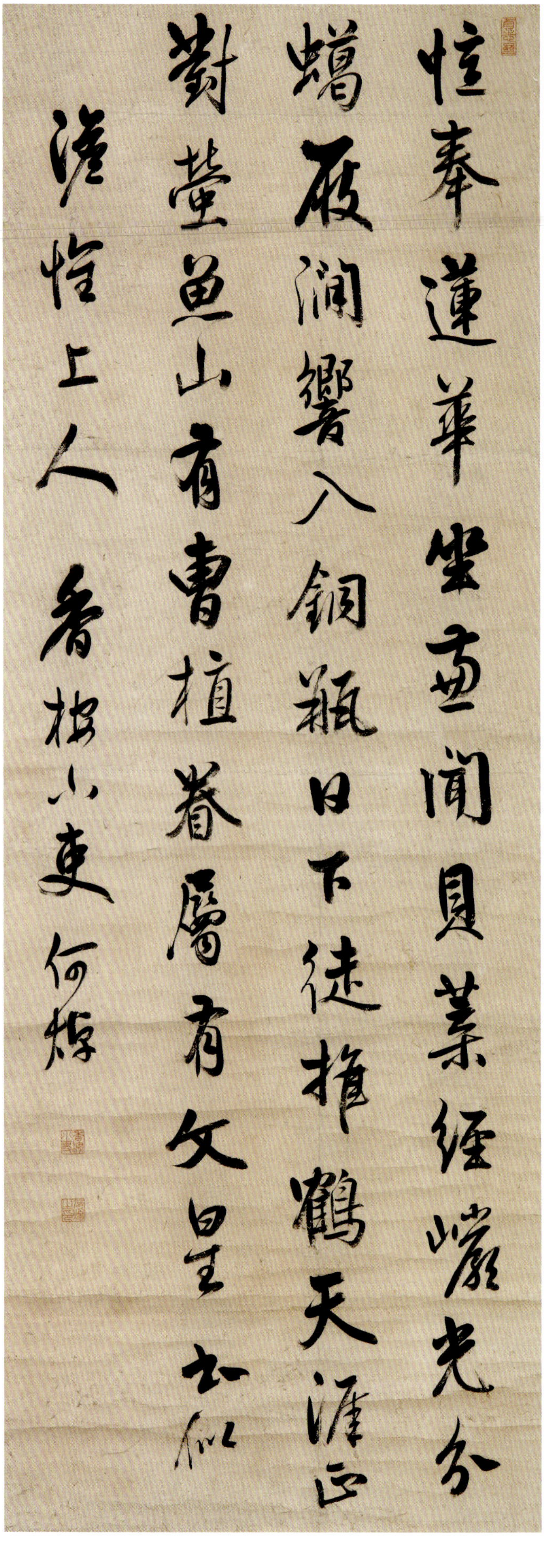

清高其佩指画《山阁看云图》轴

280cm×133.5cm

1961年扬州市政府拨交

景主頁春林齋賦古見水部園齋乃宋人
李晞古院本筆致非尋常可比量此久
多今特為照養自負得心 顏峄

清颜峄山水图轴
60.5cm × 43cm
1991年购买

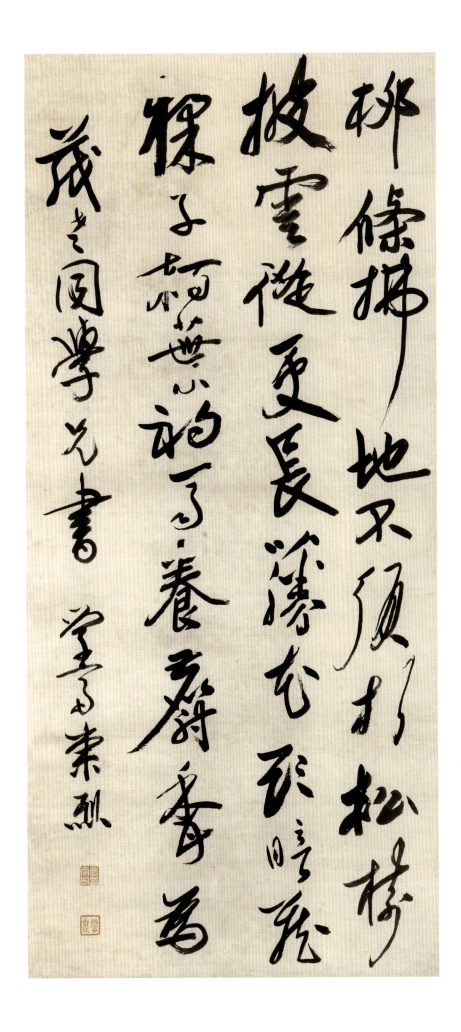

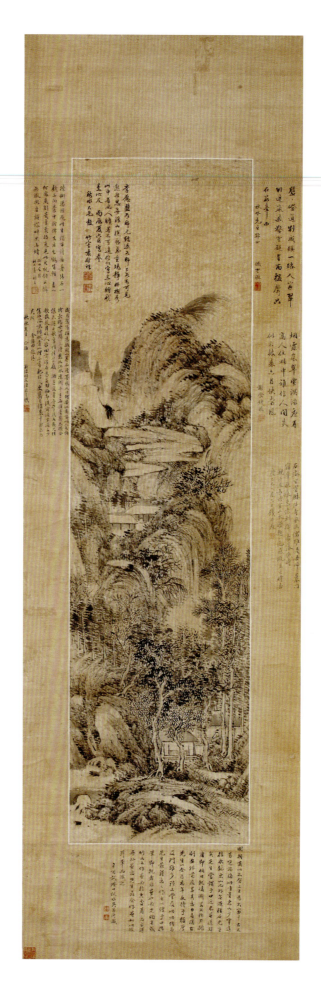

清姜彭《钟馗图》轴
116cm × 31cm
2018年购买

清王式《梧桐待月图》轴

52.4cm×32.5cm

1962年购买

清恽冰《芍药图》轴

98cm×44cm

1991年购买

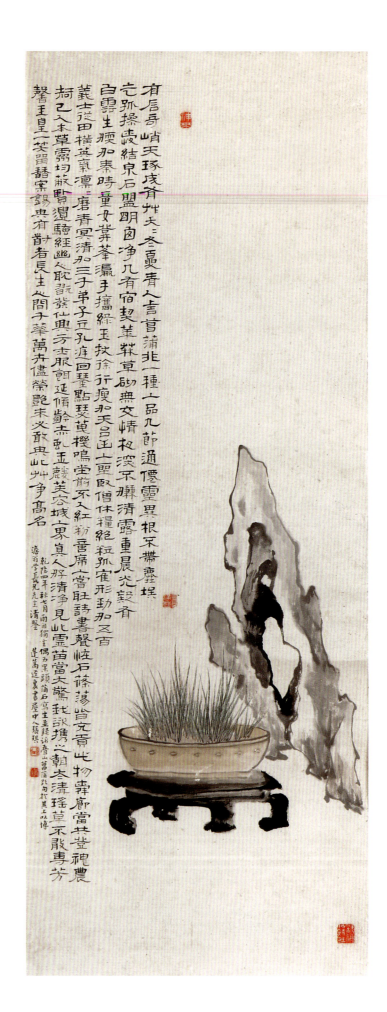

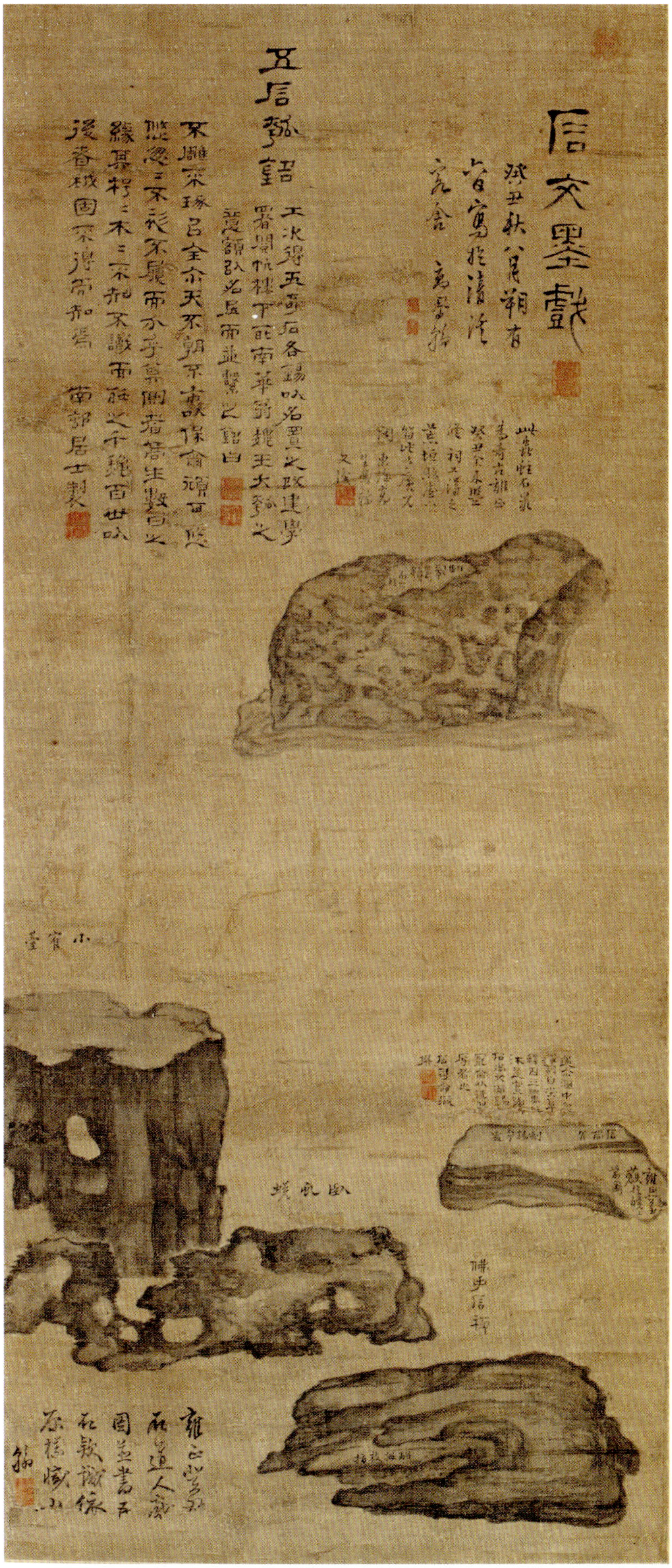

清高凤翰《石交墨戏图》轴
94cm×41.2cm
1963年购买

清汪士慎《梅花图》轴

115cm×31.5cm

1979年詹永珊女士捐赠

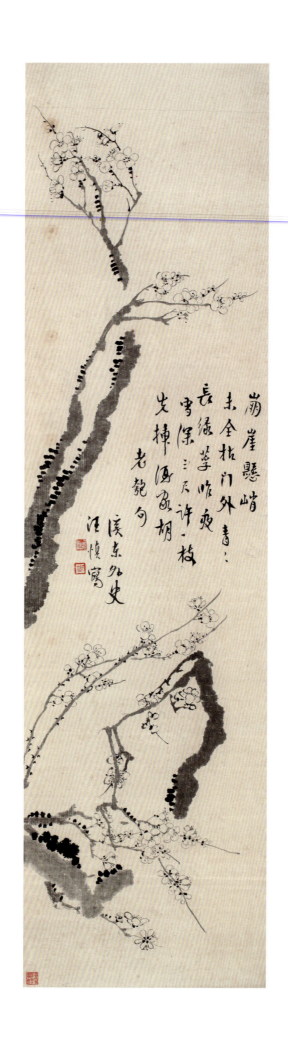

棘手如妈刺在枝
娇魂冷萼堕青绫看
浓两种春风色
写到霞残月上时
雍正九年七月
辛亥秋仲呈石谷翁来
祥宏散渝茗退留静禅
窗写复为李鱓

清张宗苍《古柏图》

181.5cm×118cm

1963年购买

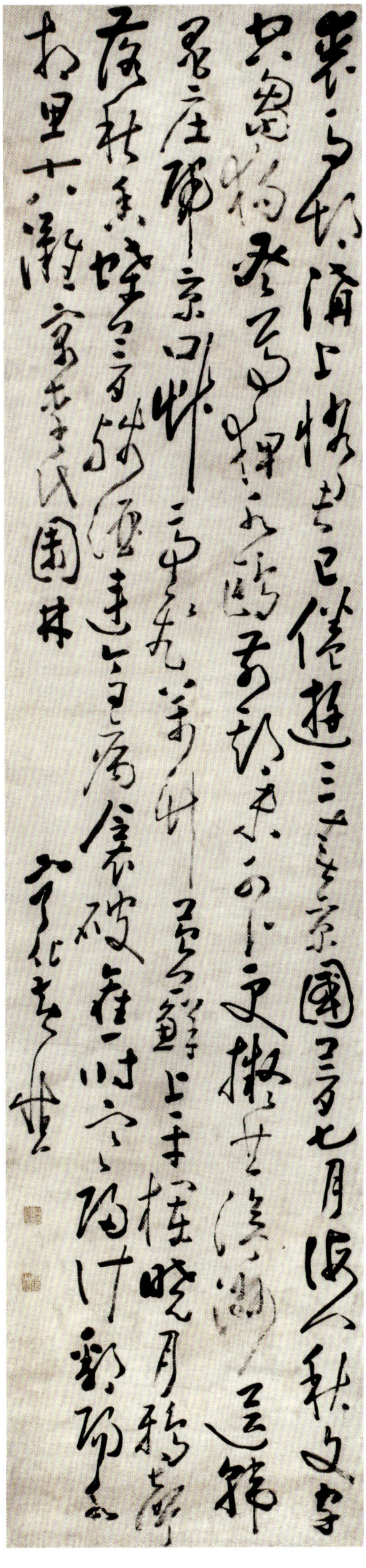

清黄慎草书五律诗轴

125cm × 52cm

1986年詹永珊女士捐赠

清黄慎《钟进士图》轴

300.4cm×115.3cm

1962年购买

清金农隶书《述茶》轴

170.2cm×48.2cm

1962年购买

采英于山著轻于羽烈馥芳滌清神宇

乾隆乙丑上月自書於佳樹之華亭金農

书画

173

清高翔《弹指阁图》轴
68.5cm × 38cm
1959年购买

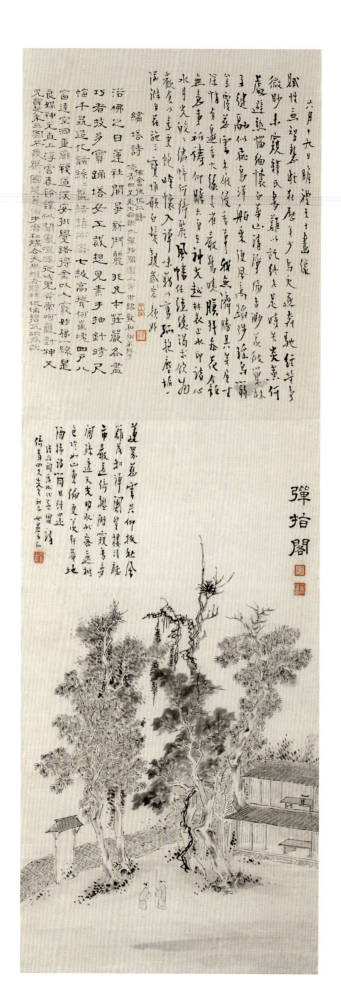

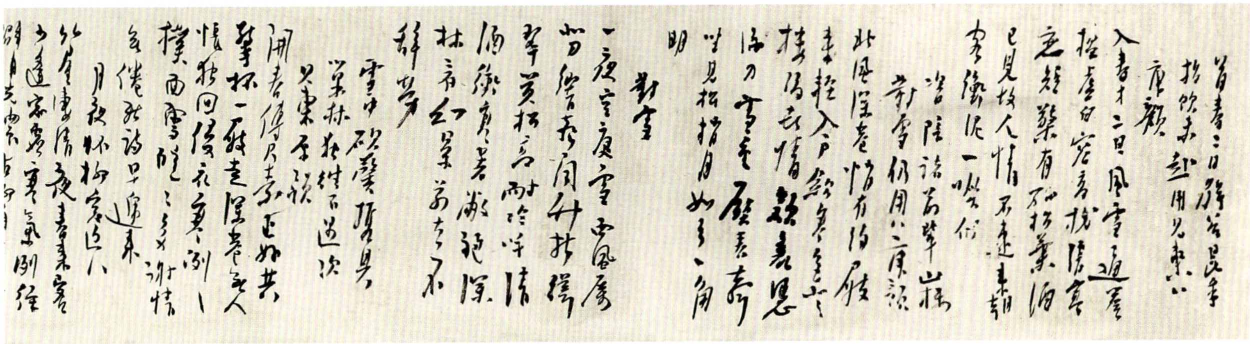

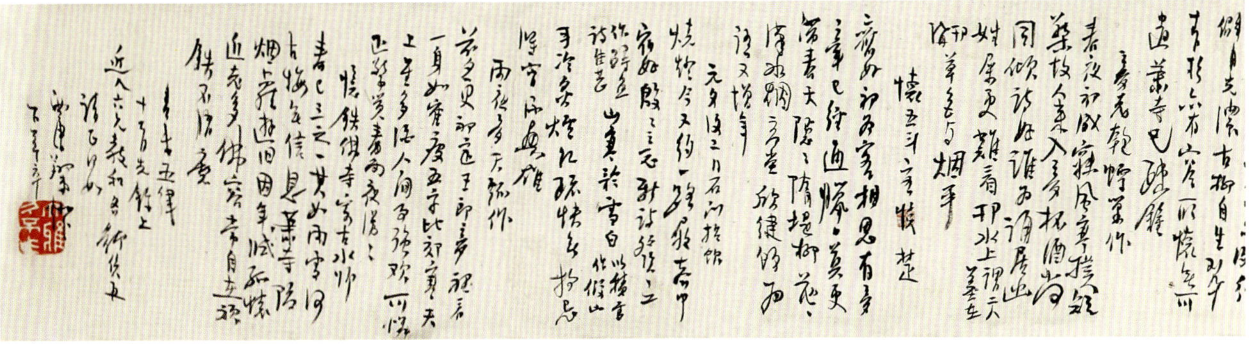

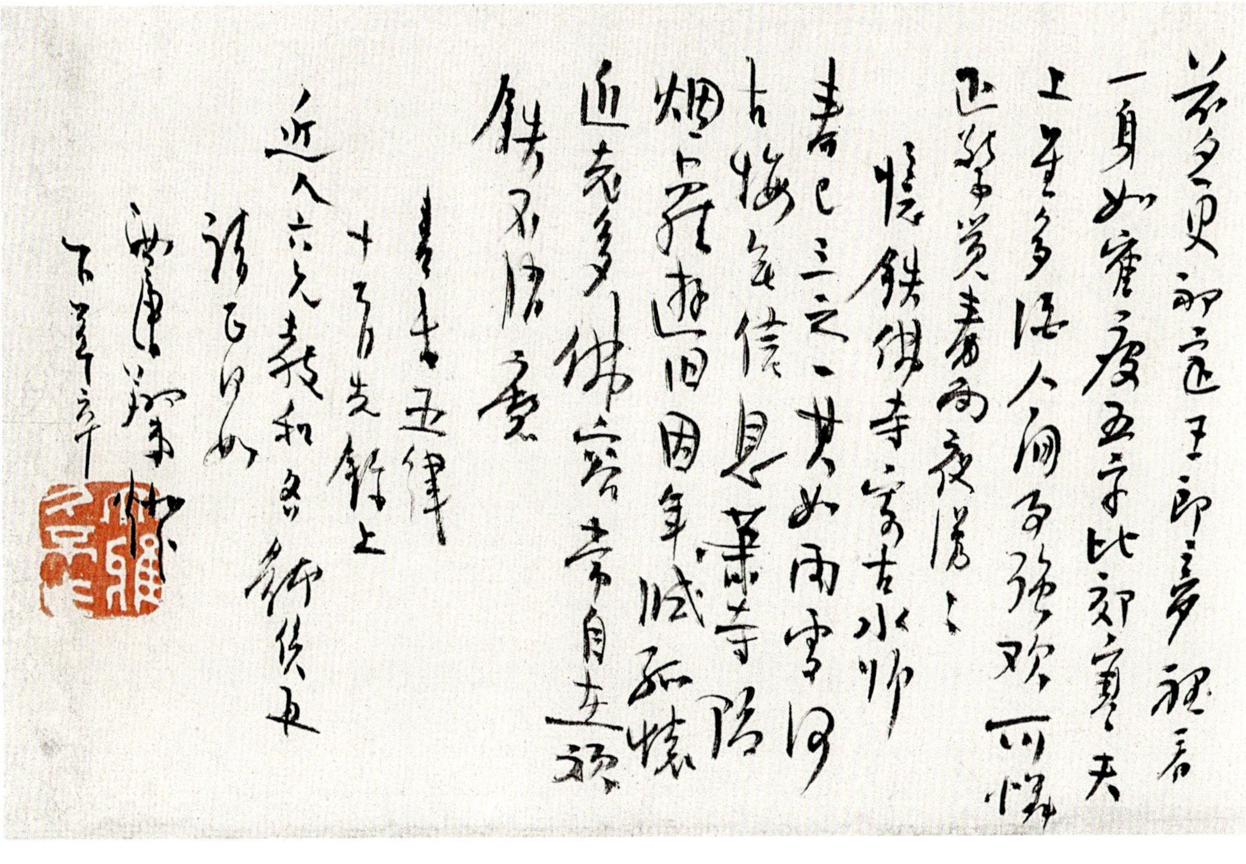

清高翔草书五律诗卷

14cm × 106.7cm

1986年詹永珊女士捐赠

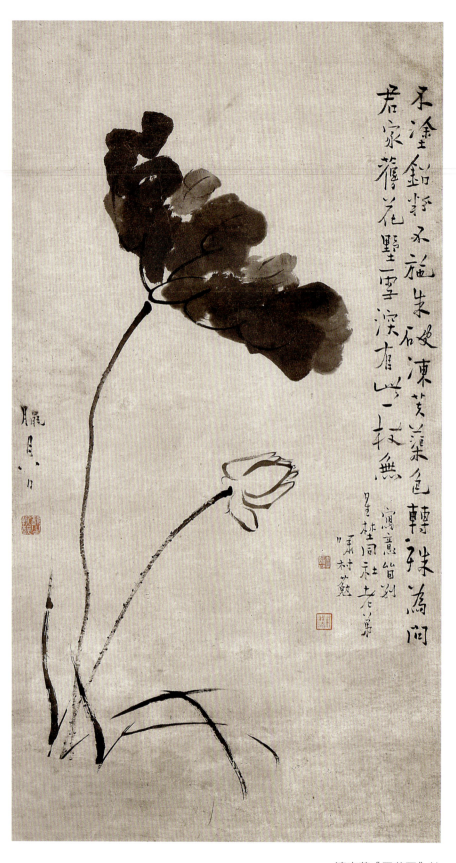

清李鱓《墨荷图》轴

113cm×60.5cm

1962年购买

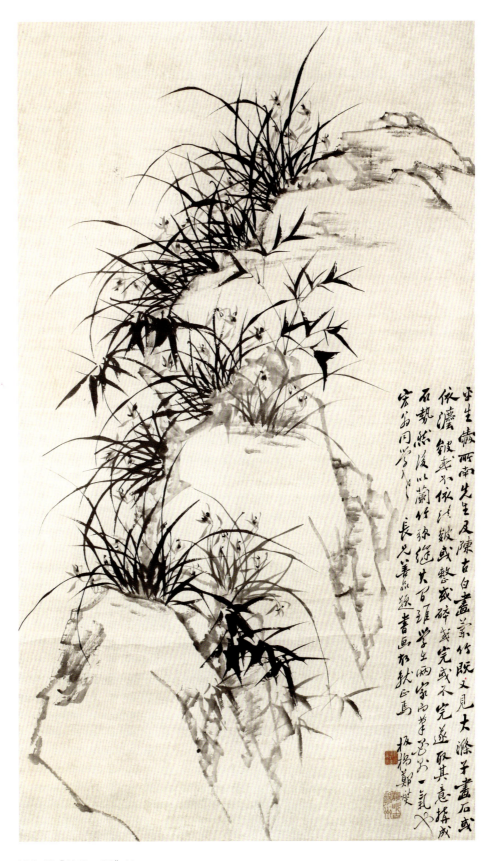

清郑燮《兰竹石图》轴

178cm×102cm

1961年购买

织文世兄别去二十餘年，余在山左常念之，君在江南亦常想至吾山左，难不果一欤志两心相照，无一刻忘也。乾隆丁丑来扬郡，方图买舟遍访，而织文已移家至叩余寓，森邀村居，流连数日，以偿世年织简。织文擅经诗，而谬拙作，叙谈诵数十篇，不辞老醌实录。近草十数纸为屏风帖，谁数首太宗屏风撷古人嘉言懿，行而余自寓其诗词无知白大真，有愧古人齋従主人之意耳。书畢繫以诗，杭州六有金农好官海长従李鱓北海至岛，山奇绝家思君同傅树邊楼　　板桥老人郑燮

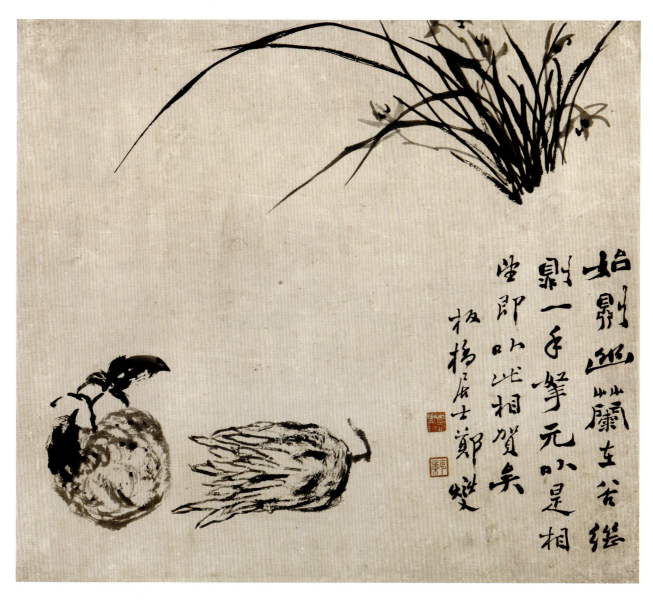

清郑燮《幽兰佛手图》轴

52.4cm×60cm

1986年詹永珊女士捐赠

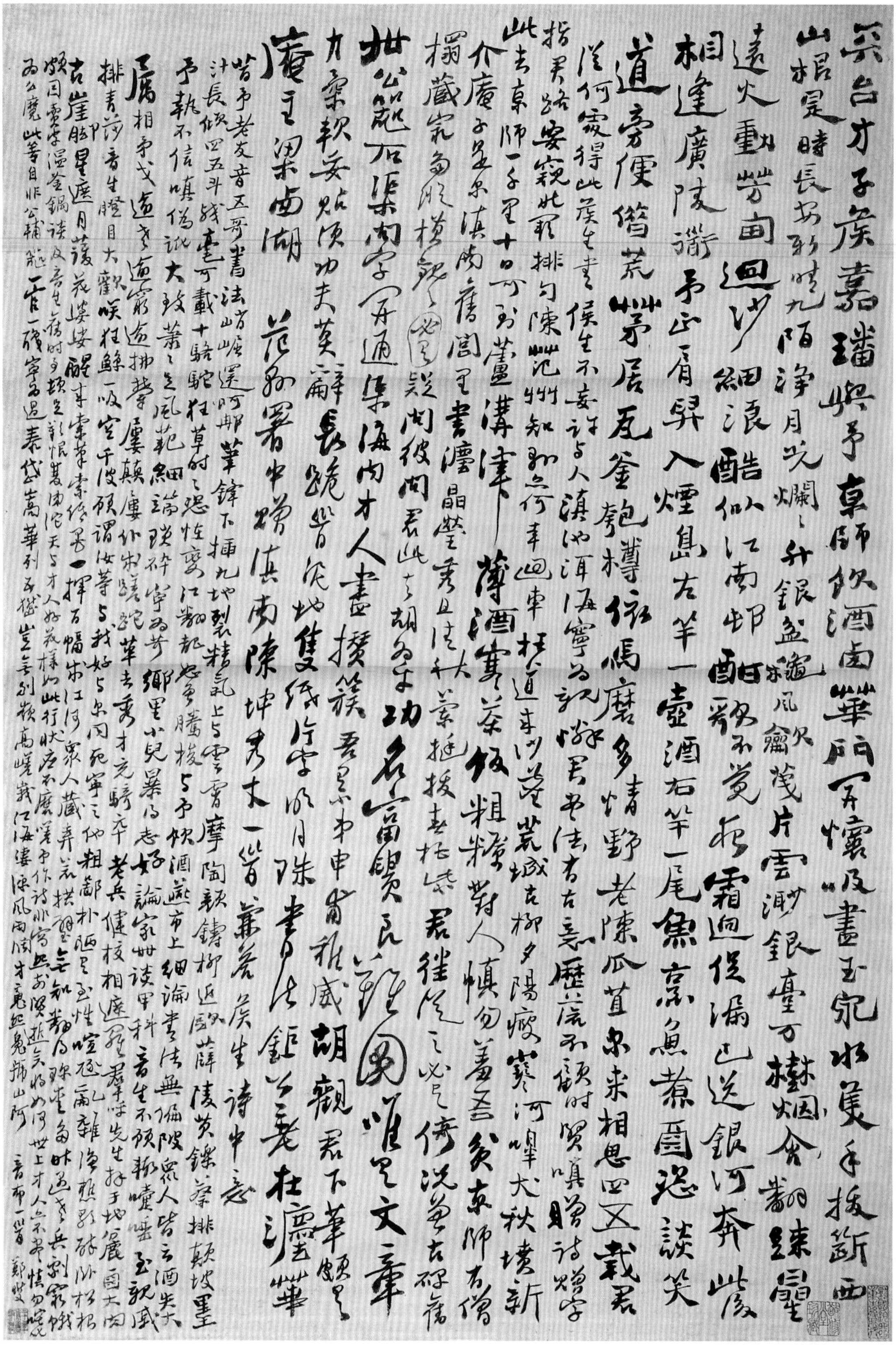

清郑燮行书"天台才子"诗轴

106.6cm × 73.8cm

1960年刘国钧先生捐赠

清杨法行书《五古诗》轴

102cm×35.7cm

1963年购买

騄日千里風沙極四維竟或中衛彎難禁茸
筆意筍者澤沱上秦作騰渡為先人傳一硯
永寶沈木乘朩翰龍風宇形真璞蓮春色可養圖南
任魚躍蟇虫想龍蟠戎亦施孫子寶知繼述
難孫弘雲欣絕類鳥龜莫之求舒巷仏吾野潤
搖學自由無心等獸征得意或瀧田下龍業
龍戲凌空笑未休禮眡主人屬楊灋鴻裔書

清薛怀《芦汀静集图》轴

101cm×49.8cm

1963年购买

蘆汀静集
戊子長夏
桃源薛懷
寫于廉溪
書屋

洛神賦

陳思王

黃初三年余朝京師還濟洛川古人有
言斯水之神名曰宓妃感宋玉對楚王
神女之事遂作斯賦其辭曰
余從京域言歸東藩背伊闕越轘轅經
通谷陵景山日既西傾車殆馬煩爾乃

稅駕乎蘅皋秣駟乎芝田容與乎陽林
流眄乎洛川於是精移神駭忽焉思散
俯則未察仰以殊觀睹一麗人於巖之
畔乃援御者而告之曰爾有覿於彼者
乎彼何人斯若此之艷也御者對曰臣
聞河洛之神名曰宓妃然則君王所見無

乃是乎其狀若何臣願聞之余告之曰
其形也翩若驚鴻婉若游龍榮曜秋菊
華茂春松髣髴兮若輕雲之蔽月飄颻
兮若流風之迴雪遠而望之皎若太陽
升朝霞迫而察之灼若芙蕖出淥波
穠纖得衷修短合度肩若削成腰如約素

延頸秀項皓質呈露芳澤無加鉛華
弗御雲髻峨峨修眉聯娟丹唇外朗皓
齒內鮮明眸善睞靨輔承權瓌姿艷逸
儀靜體閑柔情綽態媚於語言奇服曠
世骨像應圖披羅衣之璀粲兮珥瑤碧
之華琚戴金翠之首飾綴明珠以耀軀

踐遠遊之文履曳霧綃之輕裾微幽蘭
之芳藹兮步踟躕於山隅於是忽焉縱
體以遨以嬉左倚采旄右蔭桂旗攘皓
腕於神滸兮采湍瀨之玄芝余情悅其
淑美兮心振蕩而不怡無良媒以接歡
兮託微波而通辭願誠素之先達兮解

玉珮以要之嗟佳人之信修兮羌習禮
而明詩抗瓊珶以和予兮指潛淵而為
期執眷眷之款實兮懼斯靈之我欺
感交甫之棄言兮悵猶豫而狐疑收和顏
而靜志兮申禮防以自持於是洛靈
感焉徙倚彷徨神光離合乍陰乍陽

竦輕軀以鶴立若將飛而未翔踐椒塗
之郁烈步蘅薄而流芳超長吟以永慕
兮聲哀厲而彌長爾乃眾靈雜遝命儔
嘯侶或戲清流或翔神渚或採明珠或
拾翠羽從南湘之二妃攜漢濱之游
女歎匏瓜之無匹兮詠牽牛之獨處揚輕

袿之猗靡兮翳脩袖以延佇體迅飛鳧
飄忽若神陵波微步羅襪生塵動無常則
若危若安進止難期若往若還轉眄流
精光潤玉顏含辭未吐氣若幽蘭華容
婀娜令我忘餐於是屏翳收風川后靜
波馮夷鳴鼓女媧清歌騰文魚而警乘

鳴玉鸞以偕逝六龍儼其齊首載雲車
之容裔鯨鯢踴而夾轂水禽翔而為衛
於是越北沚過南岡紆素領迴清陽動
朱唇以徐言陳交接之大綱恨人神之
道殊兮怨盛年之莫當抗羅袂以掩涕兮
淚流襟之浪浪悼良會之永絕兮哀一

逝而異鄉無微情以效愛兮獻江南之
明璫雖潛處於太陰長寄心於君王忽
不悟其所舍悵神宵而蔽光於是背下
陵高足往神留遺情想像顧望懷愁冀
靈體之復形御輕舟而上溯浮長川而
忘反思綿綿而增慕夜耿耿而不寐沾

繁霜而至曙命僕夫而就駕吾將歸乎
東路攬騑轡以抗策悵盤桓而不能去

月賦　謝希逸

陳王初喪應劉端憂多暇綠苔生閣芳
塵凝榭悄焉疚懷不怡中夜乃清蘭路
肅桂苑騰吹寒山弭蓋秋阪臨濬壑而

怨遙登崇岫而傷遠於時斜漢左界北
陸南躔白露暖空素月流天沈吟齊章
殷勤陳篇抽豪進牘以命仲宣仲宣
跪而稱曰臣東鄙幽介長自丘樊昧道
懵學孤奉明恩臣聞沈潛既義高明既
經日以陽德月以陰靈擅扶光於東沼

嗣若英於西冥引玄兔於帝台集素娥
於后庭朓警闕而滅朒魄示衝而抱璧
順辰通燭從星澤風增華臺室揚采軒宮
委照而吳業昌淪精而漢道融若夫氣
霽地表雲斂天末洞庭始波木葉微脫
菊散芳於山椒雁流哀於江瀨升清質之

悠悠降澄輝之藹藹列宿掩縟長河韜映
柔祇雪凝圓靈水鏡連觀霜縞周除冰
淨君王乃厭晨歡樂宵宴收妙舞弛清
歌君王乃即月殿芳酒登鳴琴屬婉若
縣去燭房即月殿芳酒登鳴琴屬婉若
良夜自凄風篁成韻朤徒羈遠進聆鳧
雁之夕闋聽朔管之初引於是

弦桐練響音容選和徘徊房露惆悵陽
阿聲林虛籟淪池滅波情紆軫其何託
愬皓月而長歌歌曰美人邁兮音塵絕
隔千里兮共明月臨風歎兮將焉歇川
路長兮不可越歌響未終餘景就畢滿
堂變容迴遑如失又稱歌曰月既沒兮

露欲晞歲方宴兮無與歸佳期可以還
微霜沾人衣王曰善乃命執事獻酒畢
賡歌佩玉音服之無斁

嘉慶戊午秋日書

石菴劉墉

清刘墉小楷《洛神赋》册页

17.6cm×11cm
1991年购买

清褚章《枯木图》轴

250.5cm × 135.9cm

1959年购买

清闵贞《松鹤图》轴

138cm×76.4cm
1982年购买

清蒋璋《灵石清供图》横幅

27.9cm×150.8cm

1959年购买

清尤荫《留春小舫坐雨图》卷

29.7cm×108.4cm

1963年购买

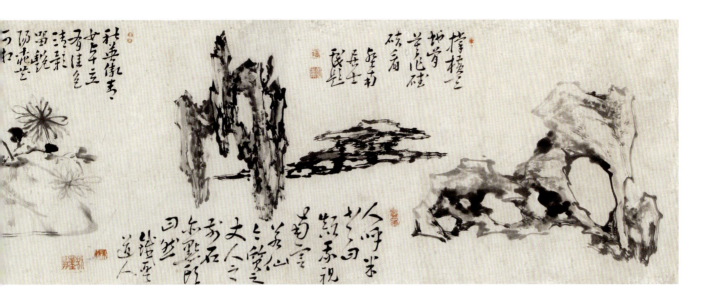

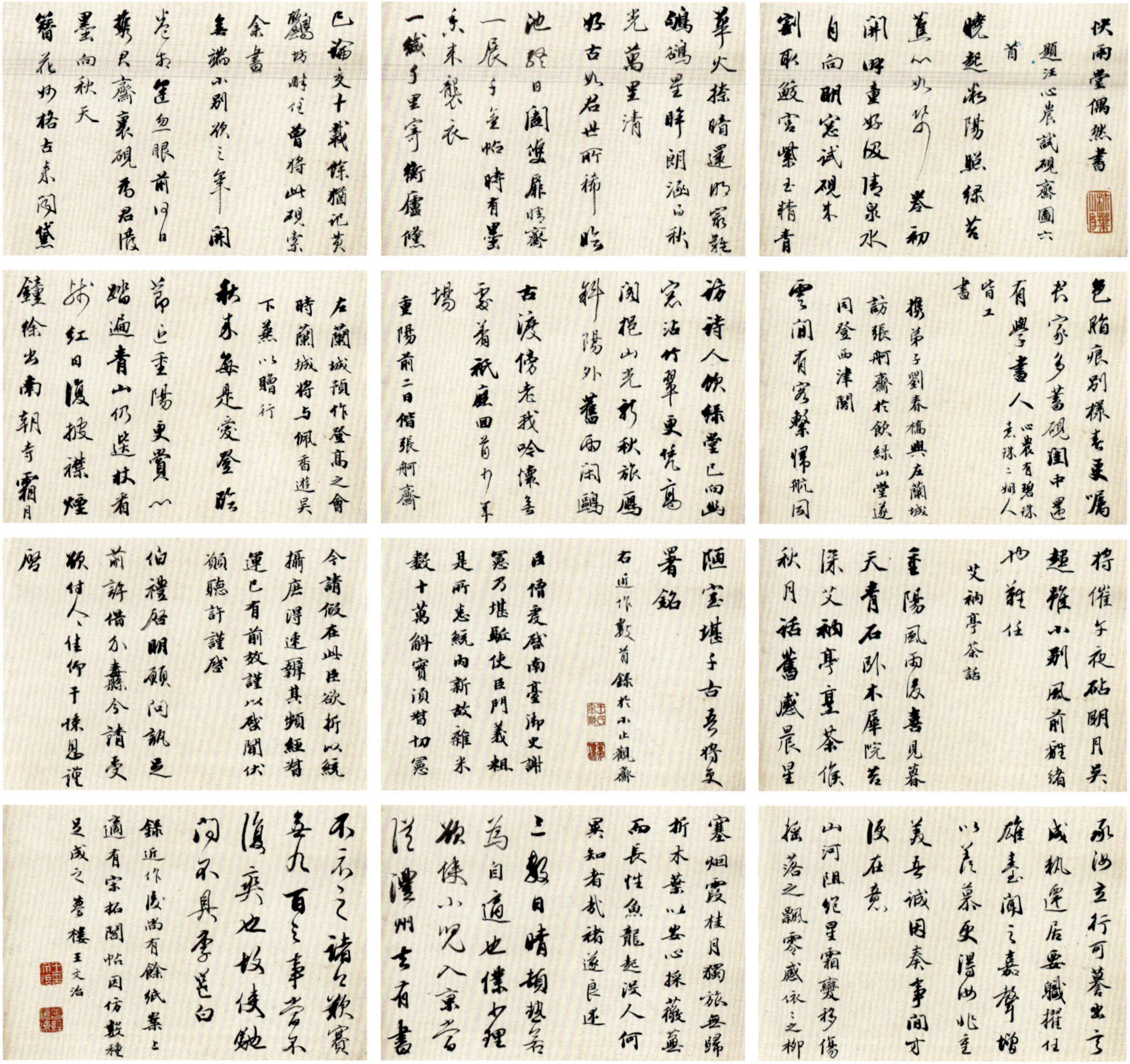

清王文治行书《快雨堂临帖》册页

20cm × 29.8cm
1961年购买

金石其心芝蘭其室

仁義為友道德為鄰

北平八翁方綱

清王亮《牡丹三鷗图》轴

144.3cm × 48cm

1984年购买

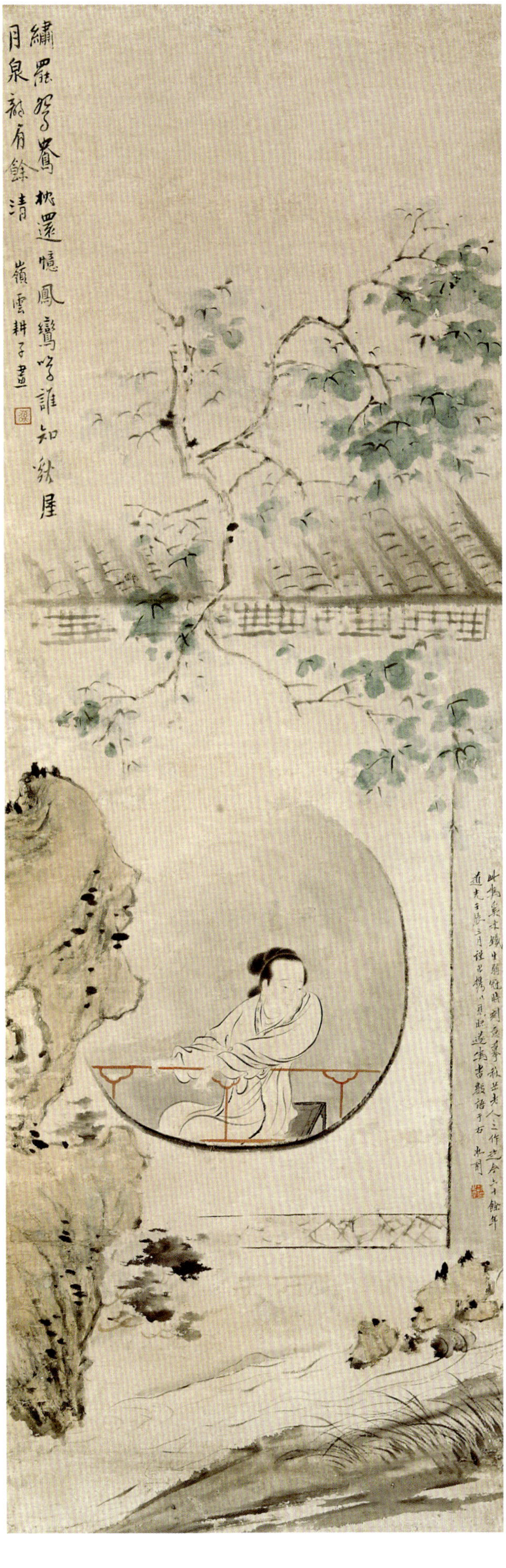

清奚冈《梧桐仕女图》轴

177cm × 40.2cm

1962年购买

清李斗楷书《九狮山景》轴

86cm×24.2cm

1962年购买

九獅山中空外奇玲瓏磊塊嬌龍奔象擘猿伏霓隳者
將壓翹者欲飛有竅有罅有筋有稜手指攬撮鐵線疎
剔如老松皮如惡蟲蝕蜂房相比蟻穴湧起凍雲還
波浪激衝下本淺土勢岩懸浮橫瞪反側非人思議樹
木森戟既老且瘦附藤無根紅葉艷若夕陽紅半樓飛
簷峻宇斜出石隙北郊第一假山也　斗并書

寒石洞天令不見水環小阜蹟仍留幾圍城北巍來貌想像夕陽紅半樓綜世風流李艾塘園林靈三記能詳呈唯畫船錄中見片楮流傳翰
墨香多少繁草付劫塵可堪湖上復尋春凌君窯我題詩句鄭重公明告後人費盡三夫作假山邇未荒廢水雲閣梅園茶社西偏路不到
紅橋即此間
侍樵世兄歸浮山幅製池跋茲為題詠即請叒壇正之
丙午十月菊塽臧穀

山陰道上鳥閗、畫射鳥蓬日往
還每坐戴家慇戶裏照人紅有
夕陽山

兩峯先生诗如 先生年且七十余点六十 得享卅年间甘芙緒急子数撮音
此余三十年贶

追潮好在目前今予诗既付梓 蕈集六成 因再书此诗为壽并读武云 李斗

先生辞北有字艾翘儀徽明種少好游曾玉丑興曲之游澗湘往楚豫兩上京師所著揚州畫舫錄十六兔阮文達品序而刻之又永报臺诗集苦年考
王蘭泉司冠萬楊山房诗讌謂袍情阮勝诗摹予崔江都王枊峤徽君淮海英雩绩真六戴之言吉诗萼生也晚名衛術見
見先生僅枢永报臺集中記贈先君诗有等閒我坛違生四壁寒人看書之句合逍嘉不存若先生全書數十年绝无寓目此遍名衛術讲
此幀至韓偶以先生與 先君有文字洞源偶于玉子孫弄誌先世翰墨緣炎九此玉畫非全以氣禎膝彼孳振者鳥靸知之 先君有文字洞源偶于玉子孫
細搀珍語是懷而華 過雨書玉盖雨等效丙子正莊七丁卯两華从己夂三年稿偶而提名偶手蕈文谈

清曾衍东《瓶梅图》轴

162.2cm × 41.5cm
1961年购买

清伊秉绶行书临《颜鲁公帖》轴
130.3cm×44cm
1959年购买

清潘思牧《麻原仙境图》轴

167.7cm×83.3cm

1963年购买

清钱泳隶书六言联

134cm × 39.5cm

1959年购买

清朱本《青山宿缘图》轴

133.4cm×31.5cm

1961年购买

扬州诸昔李复堂李膳汀华新罗为野战流为狂怪迄新罗山人来当罟邪始变为文秀勗洁文朗騶为雅馴李梅甲陈若木为其媚派朱渻之又师梅甲其高者乃於渻麗中鲁躯

拟王忘菴筆法 渻云朱本画

朱渻夫此画在抗日战争期中曾遇过三次危险一九三七年冬南京沦陷武漢居民纷乱移徙不知何人将此画擲作一團抛弃街道上辰紙堆中幸被贲画人拾得轉售兴我愛其勁活潑即付武昌師竹友梅館装裱起来垒身边一九三八年移住湘西芷江宿舍被炸此画擢完好如初一九四二年移居兰州七年藏之防空洞内衣箱被竊此画独存其時大千在兰为我赏鉴指知既夫为扬州古物保贲機闽使此画重返故里六頚事也

一九六二年高一涵谨识於南京寓所时年七十八岁

樸心邨海任伯年朱梦廬一派芯近百年画史中橋之也 莫宋之陽沀過

一涵先生齋己巳展视漫题 大千居士张爰

清焦循《洞天一品图》轴

98.5cm × 30.5cm

2014年购买

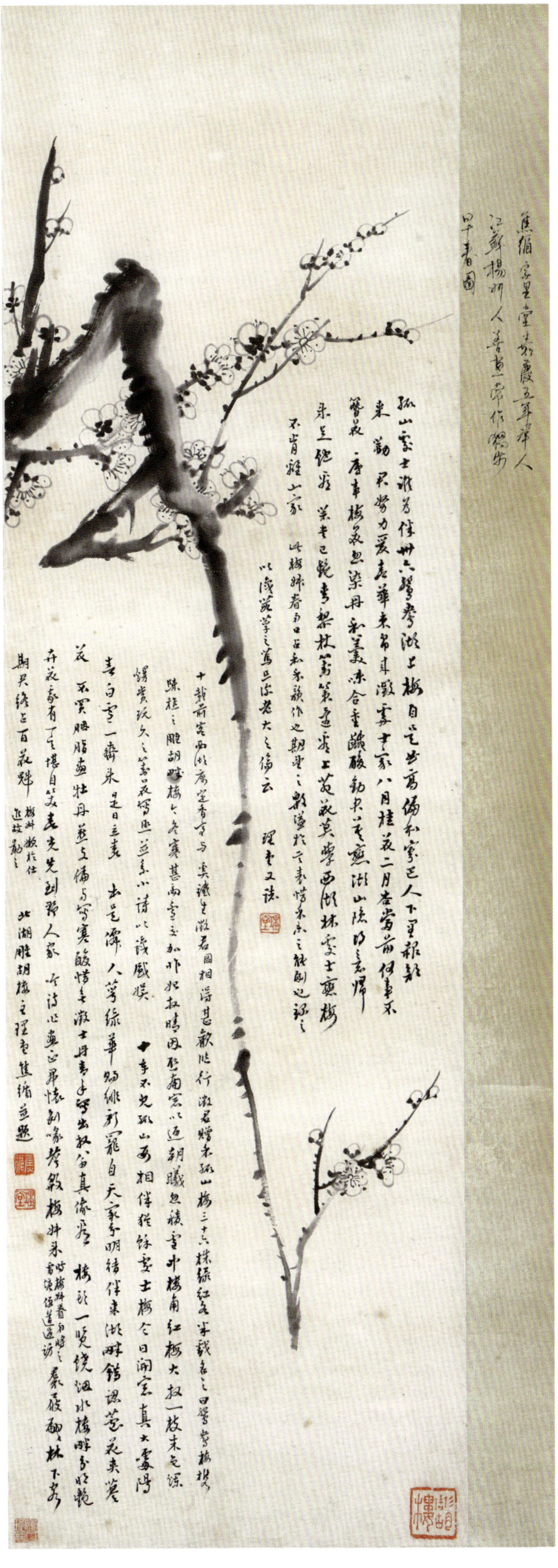

清焦循《墨梅图》轴

112cm × 34cm

2015年购买

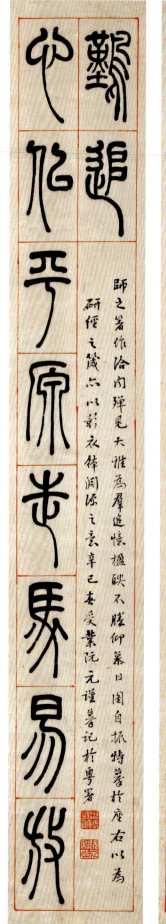

清朱鹤年《书堂观鹤图》轴

96.7cm × 37.1cm

1961年购买

清朱浣岳山水图轴

101cm × 49.8cm
1963年购买

清林则徐楷书八言联

167.5cm × 35.5cm

1962年购买

书　画

205

清虞蟾山水图轴

179.5cm×94.5cm

1959年购买

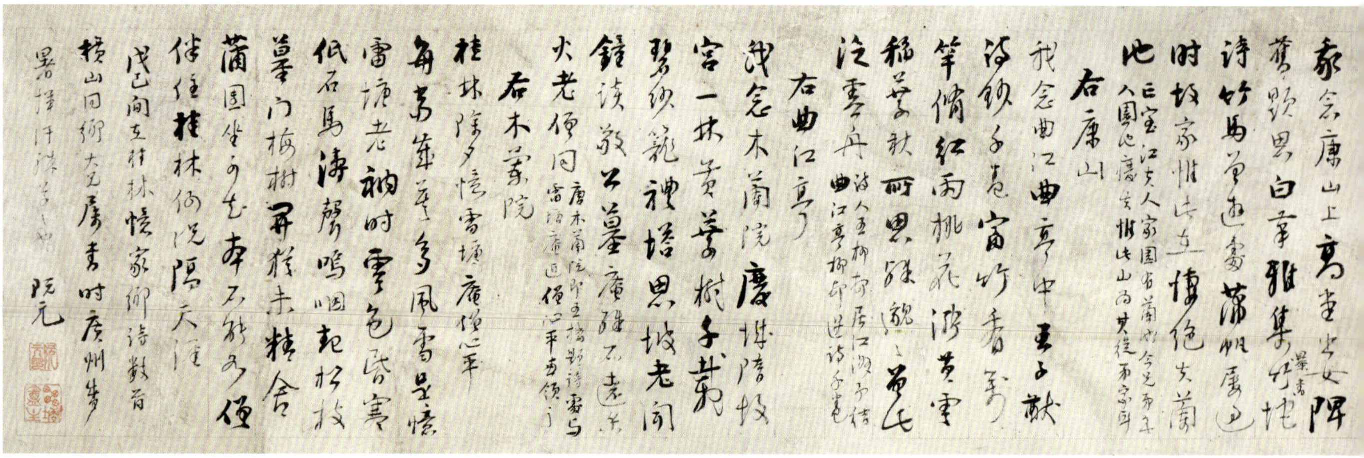

清阮元行书忆家乡诗卷

26cm × 167cm

2011年购买

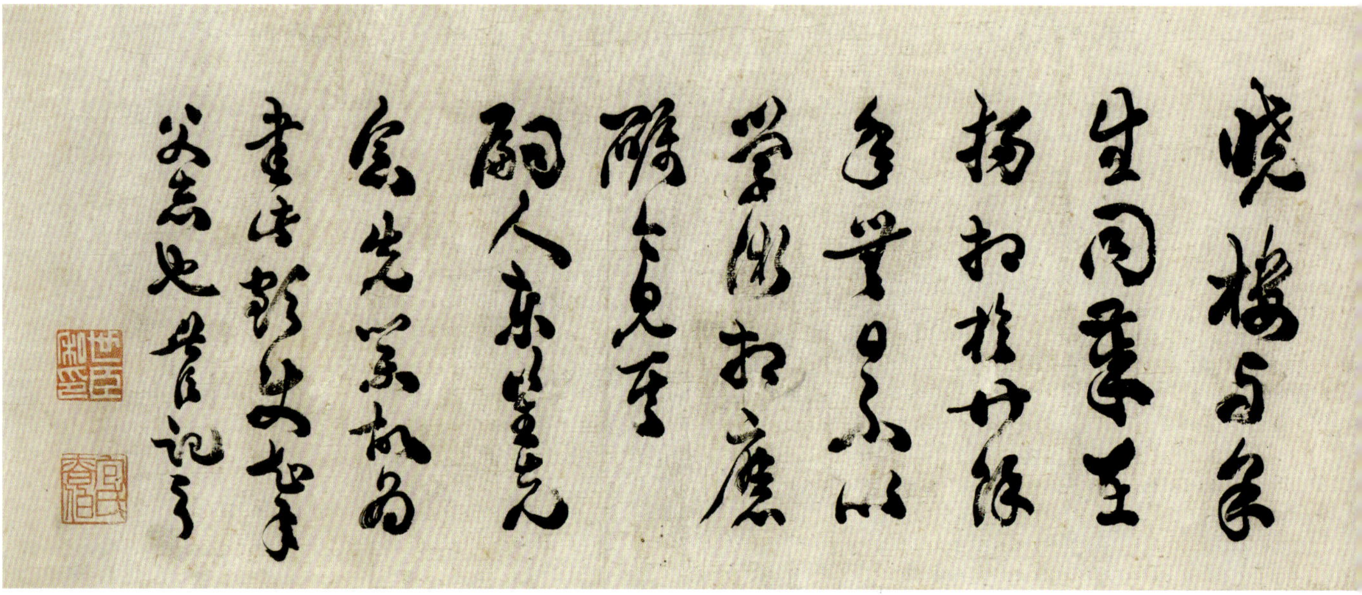

清包世臣行书"壤室"横幅

23cm × 112cm

2009年购买

八念

我念雷塘北廣陵樓對津
陵曾借此潭書禪後院松楸阿外
皓雲霧暮前碑每亙
巘華境常思周漢時書
年尋是卧此獨遊人生
右雷塘讀

我念送樓下廊書窗凌
渙詩書秋芙蓉妾金石古人
心自我閑內今是誰獨檻
吟卻留徑詰花詞後
擬誅秋

右隋文送樓
我念珠瀾好笑人莫學
事南門有帆荇曳股板
樓長似揖鮮魚賁旋春
軒稿學農鄉好風云耶

右隋文送樓
歸久相忘
右珠瀾草堂

我念初横上正實對墓
田儻廣樓初樓西堂楮家橋小橋
祖墓前江亥墓亙右
核白水老樹黄蒼烟歸
夢章三柏鄉心至百年

杜水有園石散与郭絲樓
若水湘詩横
我念平山路横清溪十里澶
以特菊花各并作一貫圓
烟月家船舫樓臺雲雲門

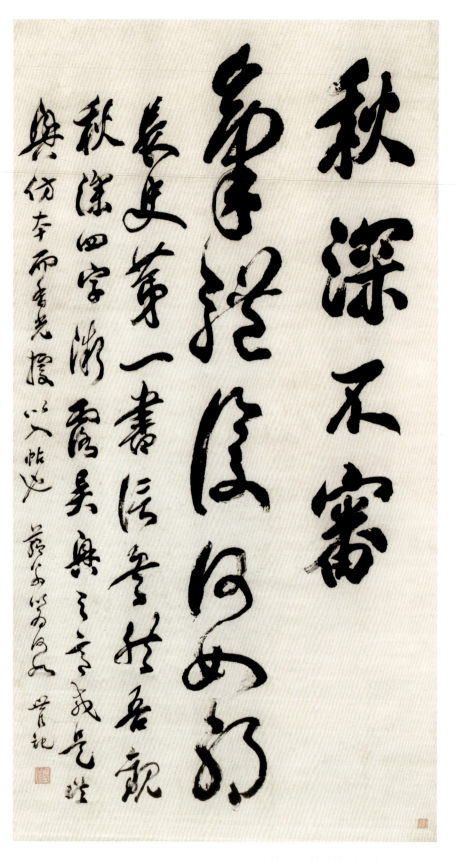

清包世臣草书临张旭《秋深帖》轴

167.5cm × 89.5cm

1961年购买

清包栋《梅花仕女图》轴

85.5cm×40.5cm

1963年购买

清张百禄《荷花图》轴

143cm×67cm

1960年购买

清周镐山水图轴

142cm × 73.6cm

1963年购买

清王素《争水图》卷

30.8cm × 132.8cm

1961年购买

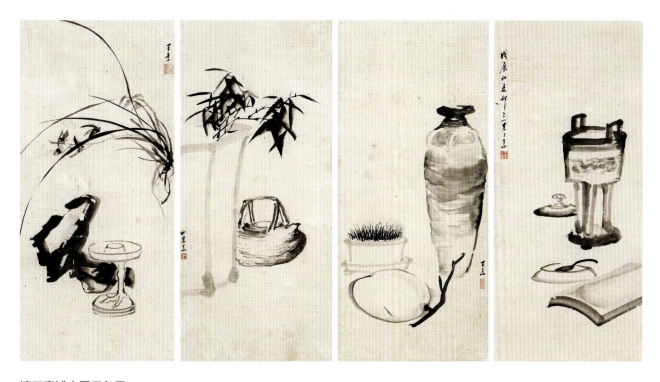

清王素博古图四条屏

67cm×38cm

2008年扬州友谊商店拨交

清王素《邵伯运河揽胜图》

94cm×174cm
2008年购买

清王素《谢自然升仙图》轴

104cm × 46cm

2021年购买

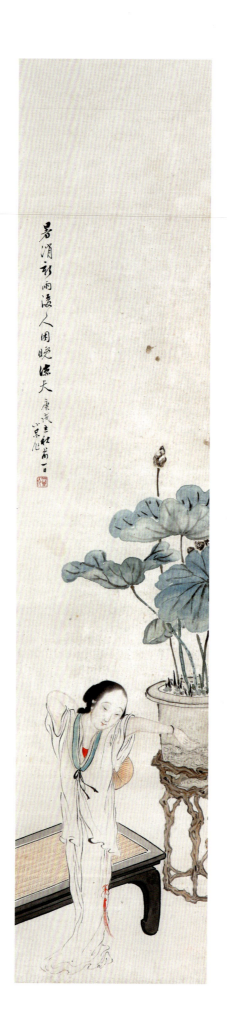

清王素人物花鸟等四条屏

112cm×28cm

2017年购买

清吴熙载花卉图四条屏

137cm×33cm
2017年购买

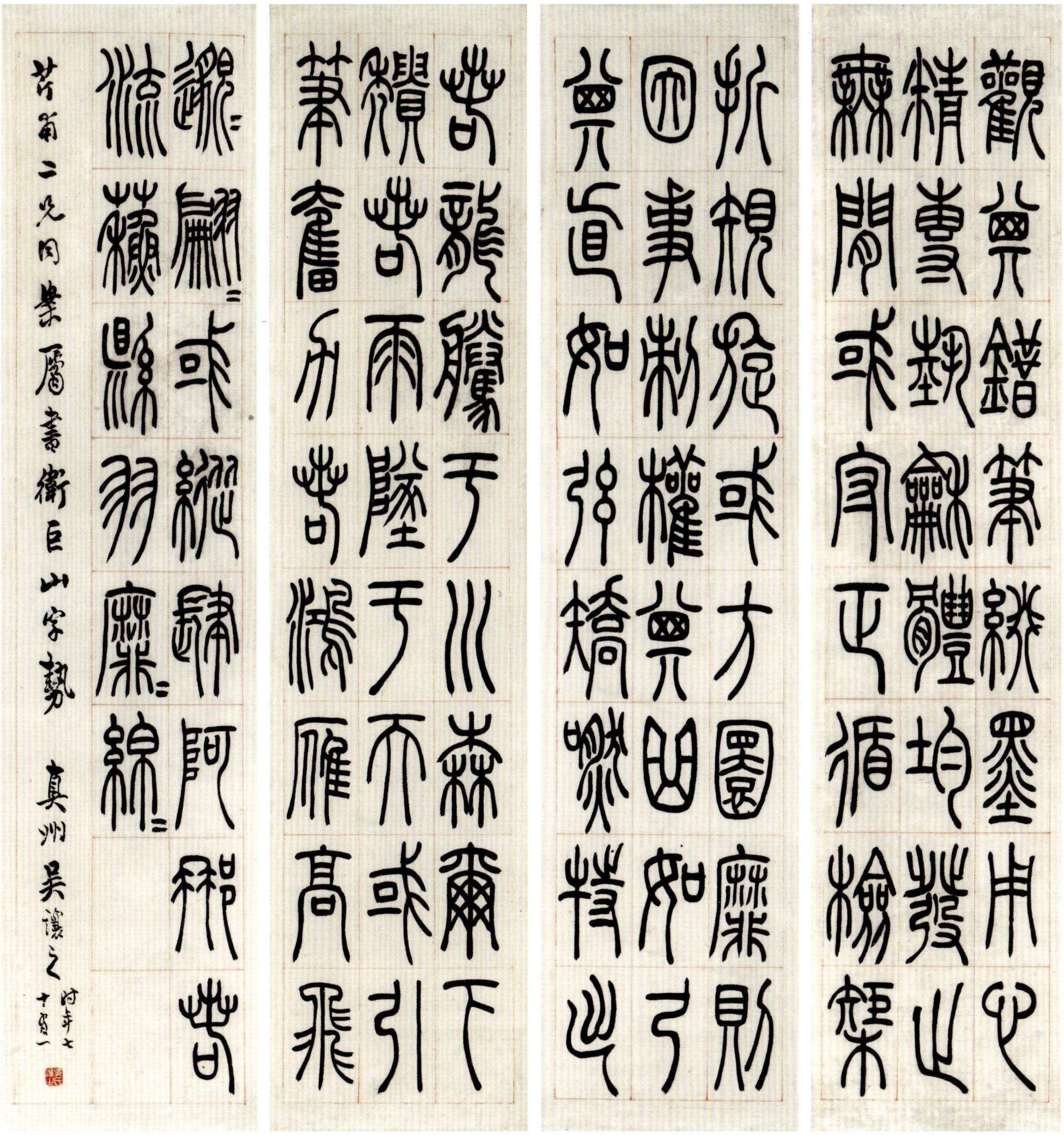

清吴熙载篆书四条屏

136.5cm × 32cm

1959年购买

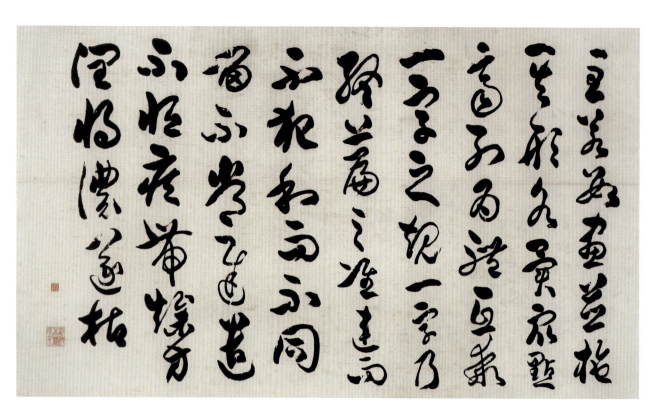

清吴熙载行书《书谱》横幅

27.3cm×117cm

1986年詹永珊女士捐赠

清吴熙载花卉图扇页

19cm×53cm
2017年购买

清陈崇光《蜀道行旅图》折扇

32cm×46cm
2021年购买

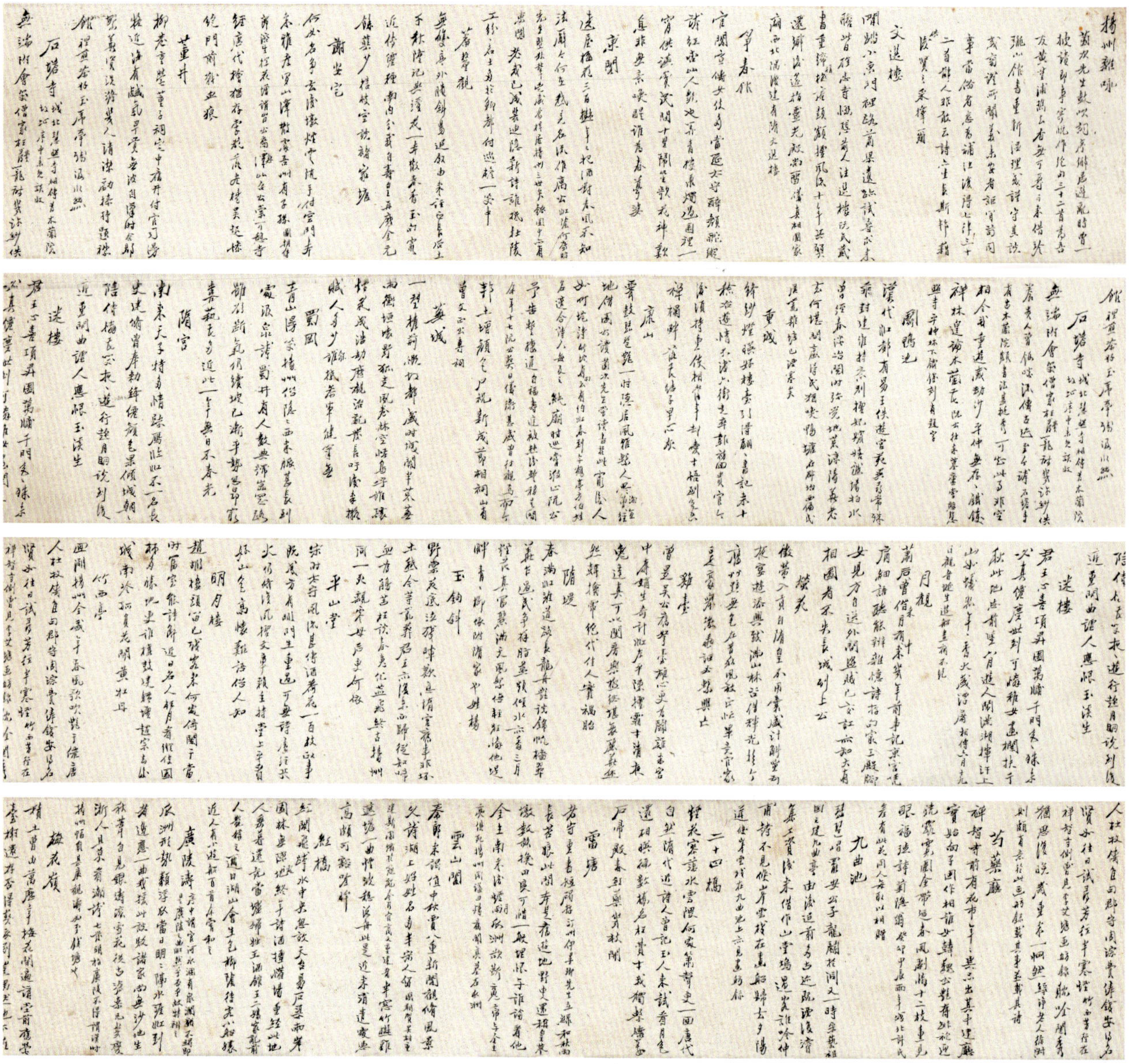

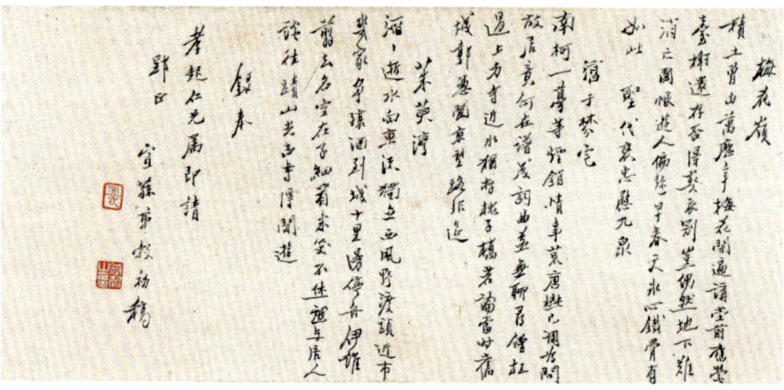

清臧谷行书《扬州杂咏》卷

17.9cm × 340cm

1962年购买

清赵之谦楷书集苏句七言联

127cm × 31cm

1959年购买

恩霖幼不讀書賦性魯鈍同治戊辰謁喬公鶴儕於
海陵特蒙優睞公有姪女遷李氏而孀挈孤女倚公
為活時方相依遂以妻恩霖已秋招入幕司書記是冬
偕入龍恩霖朝夕相依自此始辛未冬公由倉侍移節束
河恩霖復隨游大梁先後侍公左右凡七載飲食教誨纖
悉備至康午闈作出公謬以為可揭曉日公候至宵今不
寐逆薦而不售惋惜倍甚今春侍疾時尚以歲有恩科
努力讀書恩霖小有不遇公疑有不遇之感及復開導起居
汗客歲恩霖相鎰屬捻恩霖家貧觀老歲時遺贈必腆且
藥餌隨時遺問及公病篤猶命寒燠加檢點毋特強遺父
毋夏恩公之蓄養恩霖者無異其家之子弟而恩霖之眈以

報之者則百無一也公親族無多在汗者恩霖隨侍火醫
藥維持卷以任恩霖殁前數日口授遺章付恩霖藏篋中
薰言精神妻媶恐不起恩霖勸慰之亦不料其時迎數畫
超然伸袞若是之巫也猶憶陌危時執恩霖手不忍釋有欷
言而不能言者追恩此恨勿愴懷古今感深知已輒楷詩歌
抒寫以道其衷歎歎邑之思況恩霖誼泰尊京受恩至重
人琴之感其何能已獨恨命末産亦汗末博一第慰望之瞬徒
自悲憤耳城外有吹臺為大梁名勝地每春秋在日公招客
宴飲其閒恩霖嘗叩末產今剛已矣因倩薛虹如司馬
繪冊當誌一時鴻爪耤以迷知遇之戚而仲愴惘之情三兩光
緒元年夏五月阮恩霖記

故友秀奎儕河帥自己未通誼同省部書
交誼宏厚奎儕敕歷年外垂十年予六
蔣壽風庚浮沈官海錐手札時通奏以不
覆重眼召犠前年亨以垂老辭組旋里
己亥宛在大梁之聘正擬握手言歡三月
初洵行近省坦忽夢奎儕於旅夜神氣
惝怳瑾而昪之次日即閏奎儕卒於二月中
旬作古三耗阮奎文哭而真之今感
阮子霖書正先滴以鏊臺武攬圖屬悲洵
三愴然不涓健戌吟詠圓錄此以三巫之時
光緒紀元六月人伏日也
山左日出丁字居士書

清汪鋆等绘《繁台感旧图》册之一
19cm×28cm
2006年购买

清汪鋆等绘《繁台感旧图》册之二

19cm×28cm
2006年购买

清朱梦庐、虚谷合作《双禽菊石图》扇页

18.9cm×53.9cm

1962年购买

清莲溪《兰石图》扇页

18.5cm×54cm

2017年购买

清任薰《柳塘双鸭图》轴

161.3cm×89.3cm

1961年购买

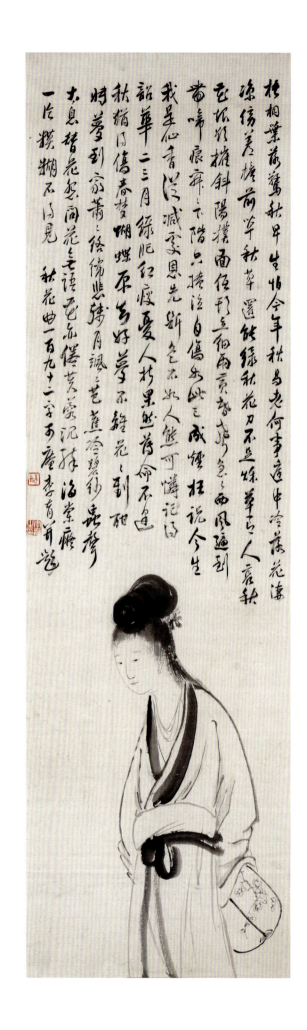

清吴昌硕《秋菊图》轴

72cm × 40cm

1963年购买

清胡璋《梅花仕女图》轴

69.7cm×60.5cm

1963年购买

清倪田、黄山寿等山水图四条屏

76cm×29cm

2017年购买

清倪田《紫藤雄鸡图》轴

144cm×39cm

2017年购买

此群月盦主人倪君墨耕以為錘進士像也君居邗上時直師王小某潘遊後數局先展士佳還畫境為之一支記走盃而諧也孔子聖之对者君飴虛之時者郫己巳夏五任疑謝長之意

清倪田《钟馗图》轴

125.5cm × 59.5cm

2018年购买

清倪田《嫦娥图》轴

145cm×79cm

2017年购买

清顾吉安《红衣罗汉图》轴

116cm×65cm

2018年购买

清康有为楷书九言联

154cm×34.5cm

1957年购买

清戴虎卿《八百遐龄图》轴

106cm×33cm

2017年购买

清陈康侯《问月图》轴

106cm×52cm

2018年购买

清陈康侯《花卉草虫图》册页之一

32cm × 40cm

2017年购买

清陈康侯《花卉草虫图》册页之二

32cm×40cm
2017年购买

清陈康侯《赵知微登天柱峰图》轴

136cm × 45cm
2017年购买

清陈康侯《时鲜图》折扇

32cm×47.5cm
2021年购买

自唐宋元明以来家数
画法人所共知但谚见
不可不宪又不可太
概惟以性灵运成随法
箕裘赠然为画
松偶董玉书

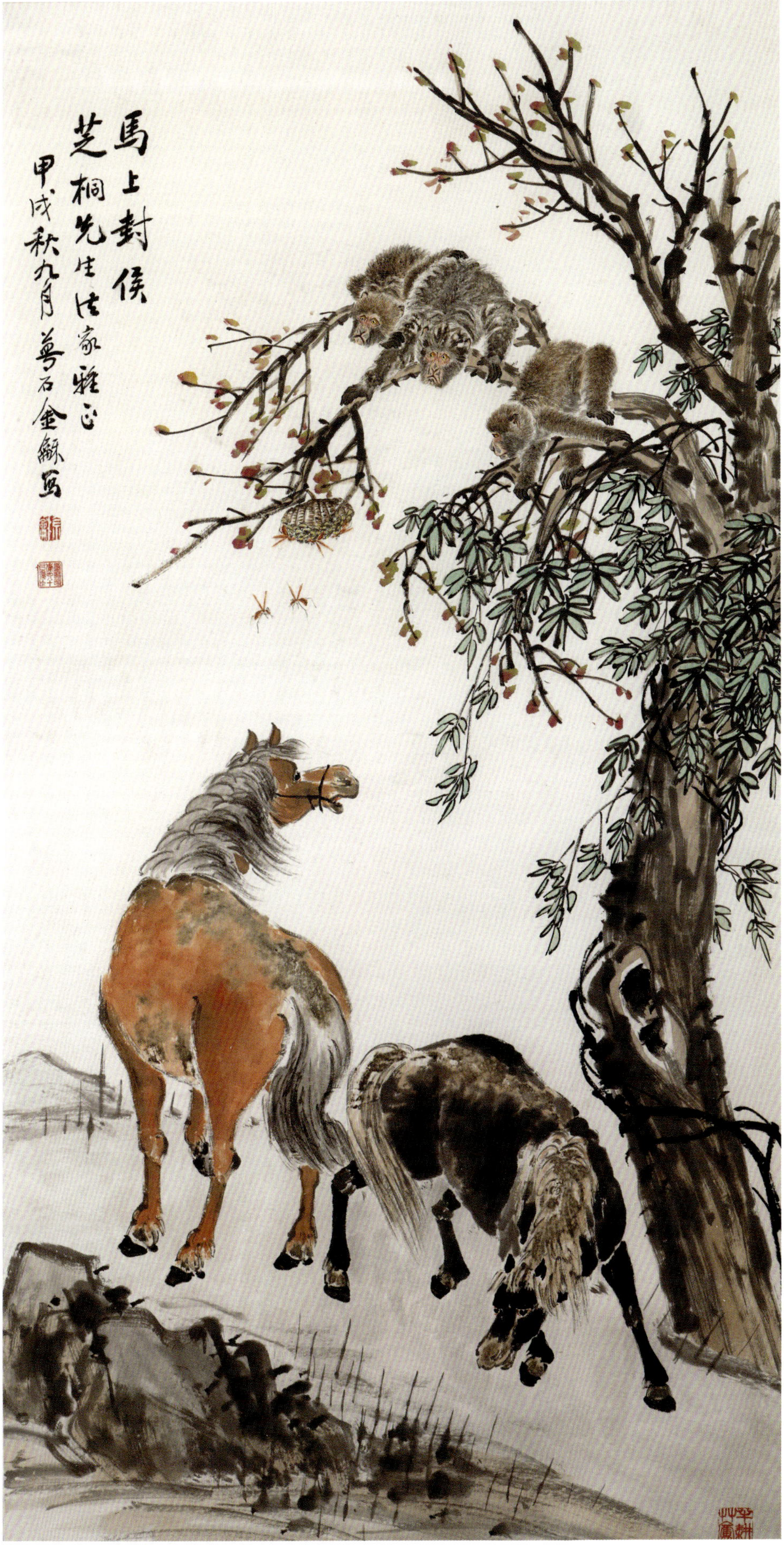

清金梦石《马上封侯图》轴

126cm × 67cm

2018年购买

清蒲华《并蒂莲花图》轴

131.6cm×65.8cm

1963年购买

清陈衡恪《乱山秋色图》轴

134.8cm×40.9cm

2006年购买

清王景琦行书临《圣教序》轴

148cm × 40cm

2012年购买

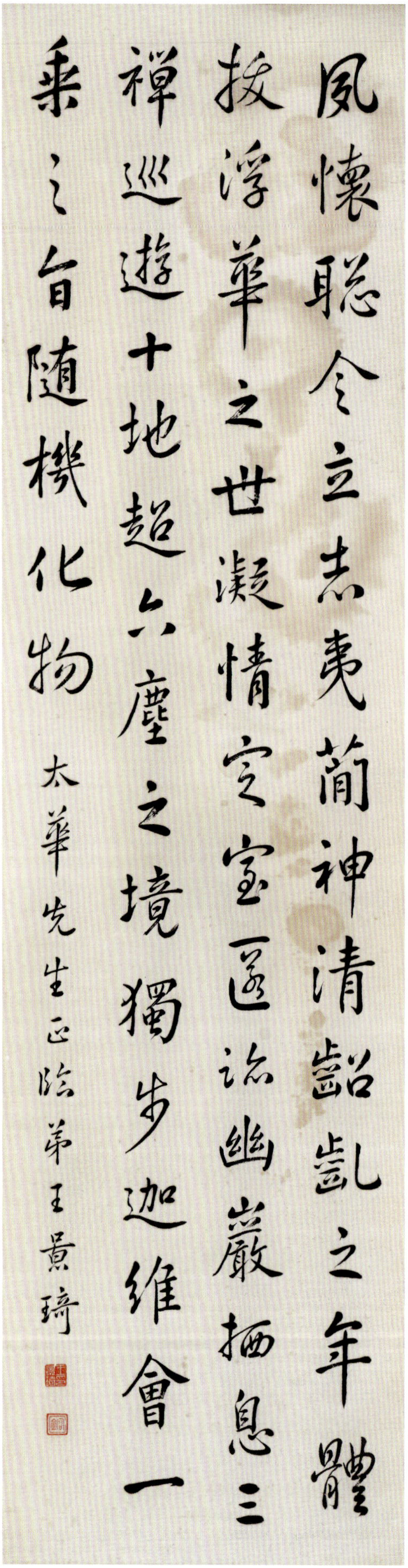
風懷聰令立志夷簡神清齠齔之年體
拔浮華之世凝情定室匿迹幽巖栖息三
禪巡遊十地超六塵之境獨步迦維會一
乘之旨隨機化物
太華先生正臨弟王景琦

清蔡铣《松猴图》扇页

19cm×51cm

2017年购买

清洪宝《游园仕女图》横披

96cm×180cm

2018年购买

清田式《花蝶图》轴
100cm×32cm
2017年购买

现当代顾伯逵《红树寒啼图》轴

104cm × 32.5cm

2019年购买

现当代顾伯逵《荔枝图》轴

134.2cm × 66.5cm

2011年购买

现当代顾伯逵《梅花双禽图》轴

82cm×33.6cm
2011年购买

现当代顾伯逵《猿猴图》轴

138.5cm×62cm

2011年购买

柳塘雨岸涧马背夕阳明
郎世宁笔法 湘岚戈荃写

現当代戈湘岚《立犬图》轴

96.5cm × 32cm

2018年购买

日本遥连海上天送子还乡一锦笺此去重归人风鼓鉴三三年飞舟凌碧陈君攀帆堂掉情内极观年华无平年书更新天时门色家会会童会语挺桑翁先园送井上陈政归日本诗 周岳年书

现当代陈大羽篆书"劲节"轴

66cm×30.8cm

2011年刘文麟先生捐赠

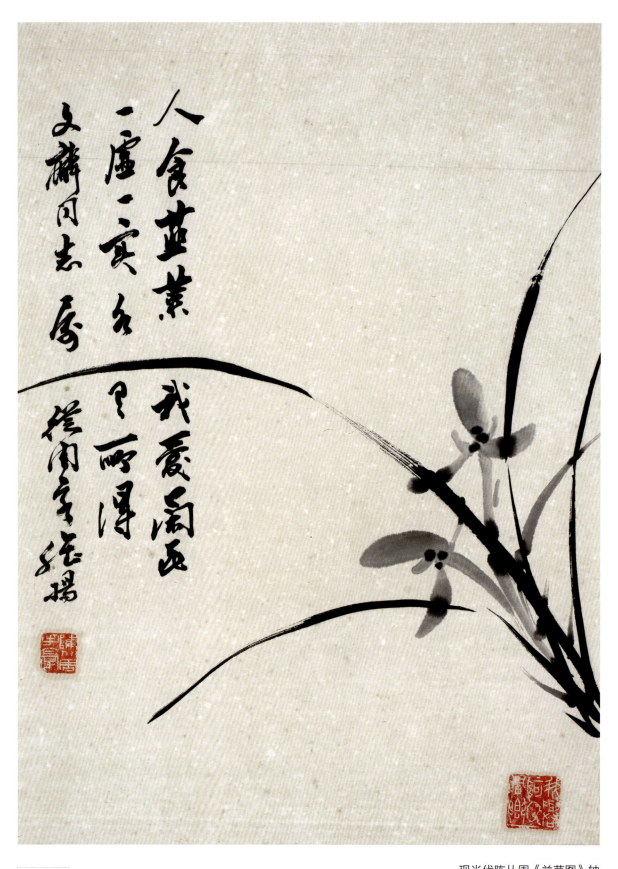

人食苣蕶
一虚一实名
又辨同志属

我爱阖西
里两浑
槃南手拔

现当代陈从周《兰草图》轴
45.9cm × 33.9cm
2011年刘文麟先生捐赠

现当代何庵之《石榴双禽图》轴

82.5cm×34cm

2011年购买

现当代李圣和《月季图》轴

66cm × 39.8cm

2011年购买

现当代李圣和《月季图》轴

87.5cm × 47.5cm
2011年购买

现当代吴南敏山水图轴

97cm × 33cm

2011年购买

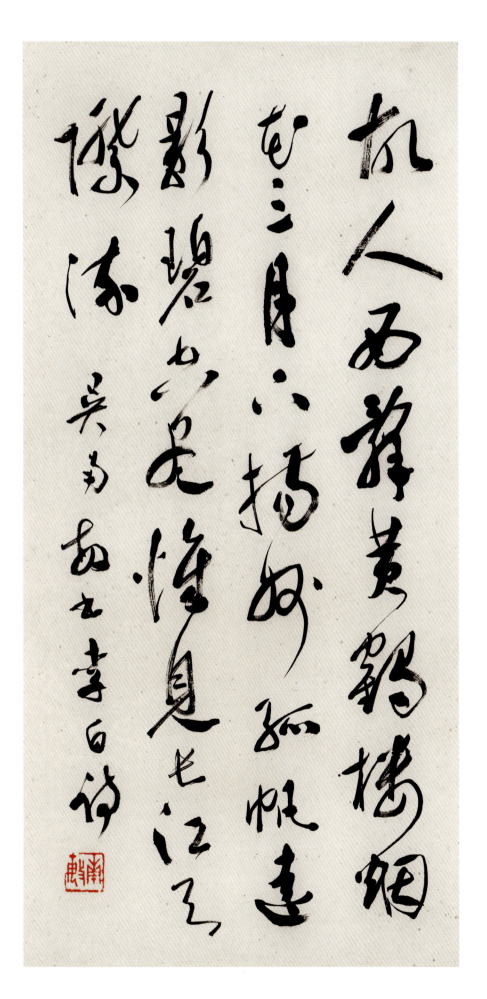

现当代吴南敏行书李白诗轴

67cm × 33cm

2011年购买

现当代颜裴仙《紫藤桃花图》轴

107cm×38.2cm

2011年购买

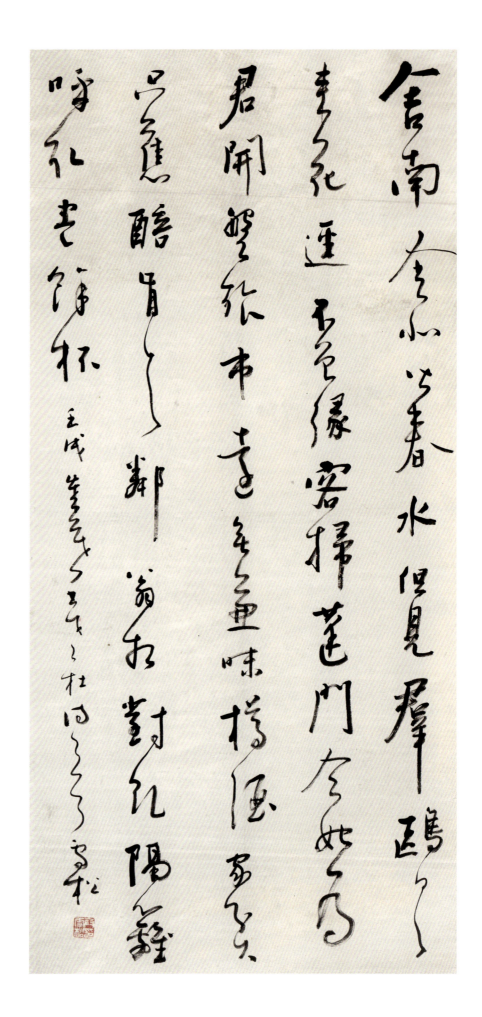

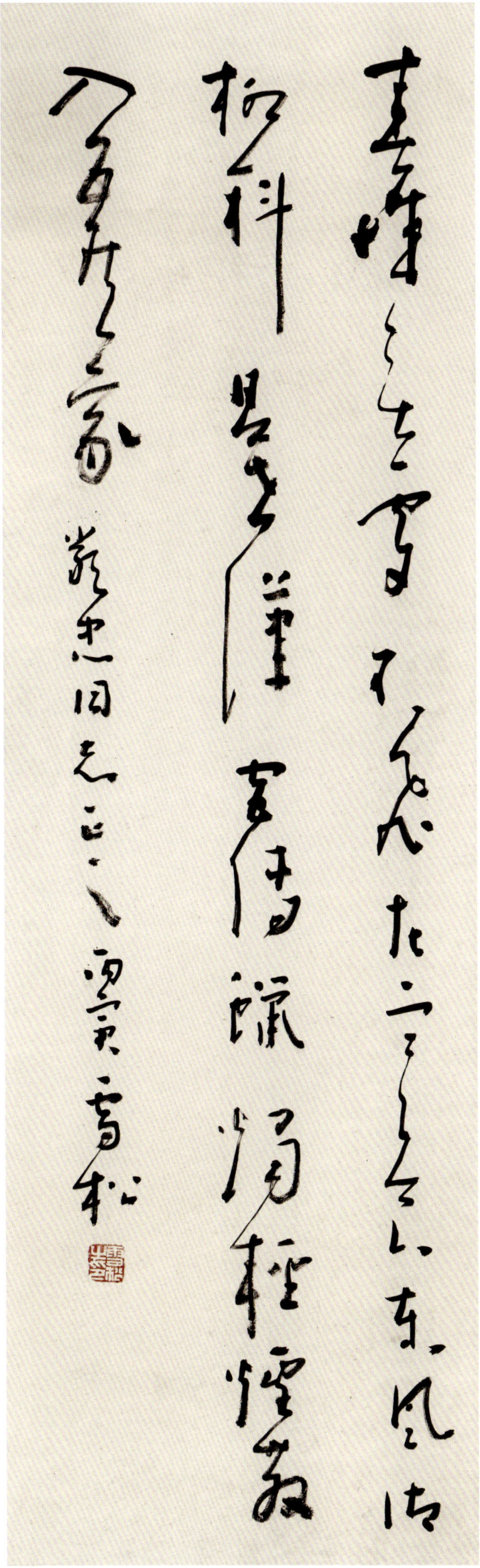

现当代卞雪松草书韩翃诗轴

131cm×62cm

2011年购买

现当代王板哉《鲶鱼荷花图》轴

69cm×42cm

2011年购买

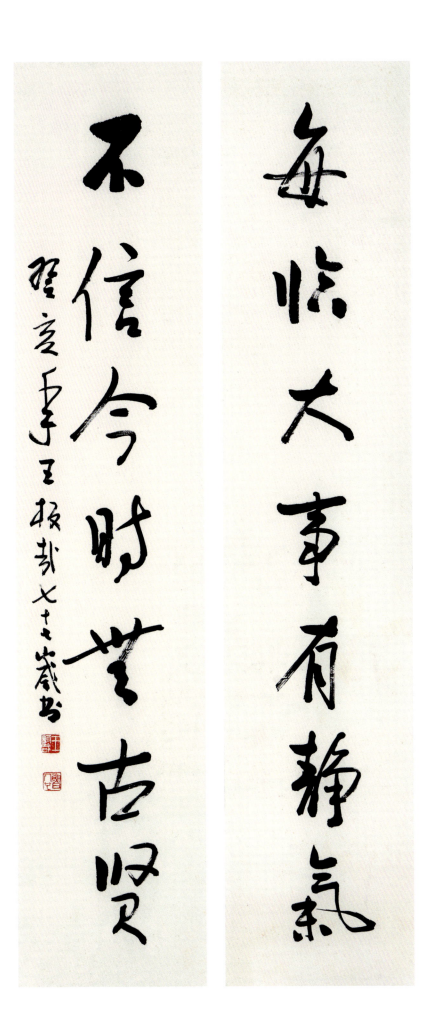

每临大事有静气

不信今时无古贤

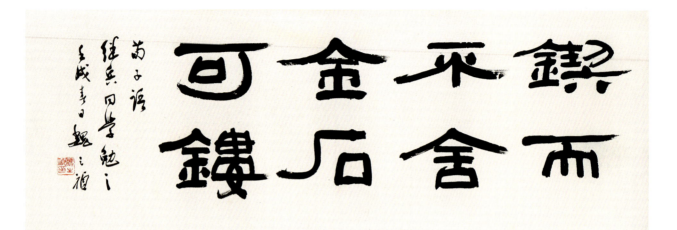

现当代魏之祯隶书"锲而不舍"横幅

38cm × 108cm

2011年购买

现当代魏之祯行书七言联

137cm × 26cm

2011年购买

书 画

277

现当代周鹤云《秋山云烟图》轴

110cm×54cm

2011年购买

现当代周鹤云《松山鸣泉图》轴

76.5cm×44.2cm
2011年购买

图书在版编目（CIP）数据

七秩集：扬州博物馆征集文物选编／扬州博物馆编. —
南京：江苏凤凰美术出版社，2022.10
ISBN 978-7-5741-0211-8

Ⅰ.①七… Ⅱ.①扬… Ⅲ.①博物馆—历史文物—扬州
—图集 Ⅳ.①K872.533.2

中国版本图书馆CIP数据核字（2022）第146159号

选题策划　程继贤
责任编辑　陆鸿雁
装帧设计　刘莘莘
责任校对　吕猛进
责任监印　生　嫄

书　　名	七秩集：扬州博物馆征集文物选编
编　　者	扬州博物馆
出版发行	江苏凤凰美术出版社（南京市湖南路1号　邮编210009）
制　　版	南京新华丰制版有限公司
印　　刷	合肥精艺印刷有限公司
开　　本	889mm×1194mm　1/16
印　　张	18.25
版　　次	2022年10月第1版　2022年10月第1次印刷
标准书号	ISBN 978-7-5741-0211-8
定　　价	580.00元

营销部电话　025-68155675　营销部地址　南京市湖南路1号
江苏凤凰美术出版社图书凡印装错误可向承印厂调换